CM2 10-11 ans

Les cahiers

Bescherelle

Français

W0318818

Catherine Gau

HATIER

Révision de la présente édition : Fabienne Pelleray
Conception graphique : Nadine Aymard, Agatha Miziewicz
Mise en pages : Nadine Aymard
Couverture : Pouty Design
Édition : Catherine Maugé

© Hatier, Paris, 2006 - ISBN 978-2-218-92386-9

Bonjour !

Voici un cahier qui va t'aider à t'entraîner en français tout au long de ton année de CM2, et même plus tard si tu souhaites réviser certaines notions.

Il est divisé en cinq grandes parties :

- la grammaire,
- l'orthographe grammaticale,
- l'orthographe d'usage,
- la conjugaison,
- le vocabulaire.

Le sommaire t'aidera à retrouver la leçon que tu souhaites étudier ou revoir : il t'indique le numéro de chaque leçon, son titre et sa page.

Dans la plupart des leçons, tu retrouveras la même progression :

- un encadré qui attire ton attention sur les points importants de la leçon à partir d'exemples ;
- des exercices pour t'entraîner. Mais attention ! Avant de commencer, lis bien la consigne et assure-toi que tu l'as comprise ;
- une dictée te permet de faire la synthèse de ce que tu as appris.

La plupart du temps, les leçons s'inspirent d'histoires empruntées à des livres pour enfants. Sous chaque extrait, tu peux lire le nom de l'œuvre d'où il est tiré. Pour connaître le nom de l'auteur et toutes les autres références de l'ouvrage cité, reporte-toi à la bibliographie. Elle t'indiquera également à quelles pages tu pourras trouver d'autres extraits du même livre.

Je souhaite que ces histoires amusantes ou surprenantes te plaisent autant qu'à moi, te donnent non seulement l'envie de lire tous ces livres et bien d'autres encore, mais t'incitent à devenir, à ton tour, un inventeur d'histoires.

L'auteur

Sommaire

Grammaire

pages

Orthographe grammaticale

Orthographe d'usage

Conjugaison

Vocabulaire

1 Utiliser la ponctuation

GRAMMAIRE

Lis avant de commencer

La ponctuation aide à comprendre un texte.

- Les points marquent la fin d'une phrase :
  - déclarative .
  - interrogative ?
  - exclamative ou impérative !
  - inachevée ou dans laquelle quelque chose est sous-entendu ...
- La virgule , et le point-virgule ; permettent de séparer différents éléments de la phrase.
- Les deux-points : introduisent une citation, une explication ou une énumération.
- Les parenthèses ( ) introduisent une explication complémentaire.
- Les guillemets « » encadrent une citation, un dialogue.
- Les tirets – signalent un changement de locuteur dans un dialogue.

Pour en savoir plus, consulte Bescherelle école.

1 Place les points et souligne les lettres qui doivent être majuscules.

il était une fois une famille de dragons qui habitait une grotte dans la montagne le père était très féroce il partait le matin attaquer les troupeaux de bisons et de rennes quand il avait choisi sa proie, il se dressait sur ses pattes arrière et rugissait en crachant du feu, crrr, crrr

D'après *Le petit dragon qui toussait.*

..../ 8

2 Place le point qui convient.

1. Jojo se demandait s'il allait réussir à enflammer cette forêt
2. Avez-vous déjà vu des dragons verts à pois roses
3. Quel idiot, ce dragon, il ne pense qu'à être gentil avec les humains
4. Demandons au médecin pourquoi notre bébé dragon tousse

..../ 4

3 Ponctue ce texte par des virgules.

Le dragon rampe comme un lézard vole comme un oiseau et crache des flammes. La terre l'air et le feu sont ses trois éléments. On trouve des dragons dans le monde entier. Il y en a de gros ou de petits rampant sur deux ou quatre pattes et possédant une trois sept ou neuf têtes.

D'après *Des Animaux extraordinaires.*

..../ 5

4 Place le signe qui convient aux endroits réservés : deux-points ou virgule.

1. Il était vraiment maladroit ..... il se coinçait la queue dans les portes ..... il cassait tout ce qu'il touchait ..... il se prenait les pattes dans le tapis.
2. Le papa de Jojo avait rédigé une liste de courses pour son fils ..... des allumettes ..... du petit bois ..... de l'essence à briquet.
3. Je n'ai pas peur de Jojo le dragon ..... il est tout petit ..... il est très doux et complètement inoffensif.

..../ 8

5 Écris entre parenthèses une explication de ton choix, selon l'exemple.

J'habitais à cette époque (vers 1838) un petit village nommé Montensac (.................................). J'avais alors onze ans. Ce jour-là (...............................), je me rendais comme chaque jour à l'épicerie (..................................) quand tout à coup, un énorme dragon se dressa sur ma route. Il était immense (...............................), avec un ventre énorme (...............................) et des naseaux frémissants. Je me mis à courir à toutes jambes.

..../ 5

6 Dictée

Papa Dragon fit venir ses trois fils. Le premier lui dit :
« J'ai pris la route de droite. J'ai craché un feu du tonnerre et j'ai dévoré toute une famille de bûcherons.
— Moi, dit le deuxième, j'ai rencontré une famille de pêcheurs et je les ai tous avalés !
— Et toi, qu'as-tu fait ? » demanda Papa Dragon à son troisième fils.

D'après *Le petit dragon qui toussait.*

2 Utiliser la forme négative

GRAMMAIRE

Lis avant de commencer

- Tous les types de phrases peuvent être à la forme affirmative ou à la forme négative.

	Forme affirmative	Forme négative
Phrases déclaratives	*Alice s'ennuie.*	*Alice ne s'ennuie pas.*
Phrases interrogatives	*Aimes-tu ce livre ?*	*N'aimes-tu pas ce livre ?*
Phrases impératives	*Raconte-moi l'histoire.*	*Ne me raconte pas l'histoire.*
Phrases exclamatives	*Qu'elle est sage, Alice !*	*Qu'elle n'est pas sage, Alice !*

- Il existe différentes négations composées de plusieurs mots : ne (n')... pas, ne (n')... plus, ne (n')... jamais, ne (n')... rien, ne (n')... ni... ni, etc.

Pour en savoir plus, consulte Bescherelle école.

1 Souligne les phrases à la forme négative.

Alice s'approcha des trois jardiniers occupés à peindre en rouge les roses blanches d'un rosier. L'un d'eux disait :

« Fais donc attention, Cinq ! Ne m'éclabousse pas de peinture comme ça !

— Je ne l'ai pas fait exprès, répondit l'autre. C'est Sept qui m'a poussé le coude. »

Sur quoi, Sept déclara : « C'est ça ! Ne te gêne pas, Cinq ! Tu prétends toujours que c'est de la faute des autres !

— Toi, tu ferais mieux de te taire, répliqua Cinq. Hier, j'ai entendu la Reine dire que tu méritais qu'on te coupe la tête ! »

D'après *Alice au pays des merveilles.*

..../ 3

2 Transforme ces phrases à la forme affirmative.

1. Il n'a rien trouvé.

....

2. Personne ne l'a vu.

....

3. Elle n'aime ni lire ni écrire.

....

4. Ce lapin n'est jamais content.

....

....../ 4

3 Écris à la forme négative.

1. Hier soir, le lapin est passé en courant devant Alice.

....

2. Les jardiniers s'entendent très bien.

....

3. Les roses avaient besoin d'être repeintes en rouge.

....

4. Alice est tombée du haut de l'échelle.

....

....../ 4

4 Écris des phrases impératives à la forme négative pour interdire à Alice de faire les choses suivantes :

1. Se lever tard le matin.

....

2. Manger dix tartines beurrées.

....

3. Parler la bouche pleine.

....

....../ 3

5 Dictée

Alice regarda pensivement le champignon pendant une bonne minute, en essayant de distinguer où se trouvaient les deux côtés ; mais comme il était parfaitement rond, le problème lui parut bien difficile. Néanmoins, elle finit par étendre les deux bras autour du champignon aussi loin qu'elle put et en détacha un morceau de chaque main.

D'après *Alice au pays des merveilles.*

3 GRAMMAIRE Reconnaître un nom

Lis avant de commencer

- Un nom désigne une personne, un animal, un objet concret ou une notion abstraite.
  Les noms propres commencent par une majuscule.
- Les noms ont un genre (masculin ou féminin) et un nombre (singulier ou pluriel).
- Un groupe nominal est constitué d'un nom noyau auquel se rattachent des déterminants et des adjectifs.

Pour en savoir plus, consulte Bescherelle école.

1 Classe les noms soulignés dans le tableau selon ce qu'ils désignent.

Ganimard se mit à suivre l'individu. Au moment où celui-ci tournait à droite, l'inspecteur le surprit qui échangeait des signes avec un gamin d'une douzaine d'années, lequel gamin longeait les maisons de gauche. Vingt mètres plus loin, l'individu se baissa et déposa furtivement une peau d'orange sur le trottoir. À cet instant même, le gamin s'arrêta, et, à l'aide d'un morceau de craie, traça, sur la maison qu'il côtoyait, une croix blanche, entourée d'un cercle.

D'après *L'Écharpe de soie rouge.*

Noms propres	Noms communs		
	animés	non animés	
		concrets	abstraits

…/ 14

2 Recopie les noms propres en rétablissant leur majuscule.

paolo ne savait même pas dans quel pays il se trouvait ! Quelque part de l'autre côté de l'atlantique ! En europe, mais où, exactement ? En france, en allemagne, en italie ? Des pays aux noms fabuleux ! paris, berlin, rome, des villes où vivaient des millions de gens ! Chez lui, à tapucuara, il n'y avait que deux points d'animation : la pompe à essence de ruiz et le café de rosario.

D'après *Paolo Solo*.

....

....

....

..../ 12

3 Indique le genre et le nombre des noms. Fais-les précéder d'un déterminant.

.... interrogatoire (....) – .... suspect (....) – .... enquête (....) – .... filature (....) – .... témoins (....) – .... commissaire (....) – .... indices (....) – .... empreintes (....) – .... victimes (....).

..../ 9

4 Pose une question sur le GN souligné, en utilisant le pronom convenable.

Ganimard file <u>le suspect</u>. ➜ **Qui** Ganimard file-t-il ?

1. Arsène Lupin regardait <u>l'inspecteur</u>.

....

2. Mélissa regardait <u>la voiture</u>.

....

3. Kurt et Mélissa pensent <u>à leur argent envolé</u>.

....

..../ 3

5 Dictée

La place de Nottingham n'était plus qu'une mêlée. Les hommes d'armes du shérif avaient d'abord tiré leurs épées et abattu tous ceux qui se trouvaient devant eux. Mais, très vite, les compagnons de Robin avaient distribué des armes tout autour d'eux. Et, comme par hasard, les bouchers avaient sorti des couteaux des plis de leurs cottes, les forgerons avaient brandi des marteaux et les paysans des faucilles !

Robin des Bois, prince de la forêt

4 Reconnaître un verbe

GRAMMAIRE

Lis avant de commencer

- Le verbe est le noyau de la phrase.
C'est au verbe conjugué que sont reliés les différents groupes de la phrase.
Mme Dromadaire (sujet) *écoute* (verbe) *le conférencier* (COD).
- La forme du verbe change en fonction du temps et de la personne de son sujet.
Le dromadaire semble mécontent. Les dromadaires semblaient mécontents.
- On distingue les verbes d'état *(être, sembler...)* et les verbes d'action.
Parmi les verbes d'action, il existe des verbes transitifs (qui acceptent un COD) et des verbes intransitifs (qui refusent un COD).
Je mange (verbe transitif) *une pomme* (COD). *Je pars* (verbe intransitif).

Pour en savoir plus, consulte Bescherelle école.

1 Relève les verbes conjugués et indique leur infinitif.

Un jour, il y avait un jeune dromadaire qui n'était pas content du tout. La veille, il avait dit à ses amis : « Demain, je sors avec mon père et ma mère, nous entendrons une conférence ! [...] » Et les autres avaient dit : « Oh, oh, [...] c'est merveilleux ! », et lui n'avait pas dormi de la nuit tellement il était impatient et voilà qu'il n'était pas content parce que la conférence n'était pas du tout ce qu'il avait imaginé : il n'y avait pas de musique et il s'ennuyait beaucoup.

D'après *Contes pour enfants pas sages.*

avait, (avoir) ; ....

....

....

..../ 13

2 Sépare par un trait oblique le radical et la terminaison des verbes, puis indique leur personne.

1. Elle écoutait (..................................) le gros monsieur.
2. Les spectateurs s'ennuyaient (..................................) ferme.
3. Je n'accompagnerai (..................................) plus Mémé à une conférence.

..../ 3

3 Récris le texte à la première personne du singulier, comme si c'était le dromadaire qui racontait l'histoire.

À la fin, le jeune dromadaire en eut assez et, se précipitant sur l'estrade, il mordit le conférencier : « Chameau ! » dit le conférencier furieux.

Contes pour enfants pas sages

....

....

..../ 3

4 Infinitif ou participe passé ? Écris correctement le verbe entre parenthèses.

1. Le dromadaire ne pouvait pas *(rester)* .... en place.
2. Il n'aurait jamais *(imaginer)* .... que ce serait si ennuyeux.
3. Il ne cesse de *(parler)* .... de la vie des animaux.

..../ 3

5 Classe ces verbes selon leur catégorie.

sembler – chercher – devenir – rencontrer – partir – couper – arriver

Verbes d'état : ....

Verbes d'action transitifs : ....

Verbes d'action intransitifs : ....

..../ 7

6 Dictée

Le jeune dromadaire souffrait de la chaleur, et puis sa bosse le gênait beaucoup ; elle frottait contre le dossier du fauteuil, il était très mal assis, il remuait. Alors sa mère lui disait : « Tiens-toi tranquille », et elle lui pinçait la bosse ; le jeune dromadaire avait de plus en plus envie de pleurer, de s'en aller…

D'après *Contes pour enfants pas sages.*

5 Reconnaître les déterminants

GRAMMAIRE

Lis avant de commencer

- Les déterminants indiquent le genre et le nombre du nom. Ils se divisent en deux catégories : les articles et les adjectifs non qualificatifs.

Articles	
définis	*le loup*
indéfinis	*une fillette*
partitifs	*du beurre*

Adjectifs non qualificatifs	
possessifs	*mes oreilles*
démonstratifs	*cette forêt*
numéraux	*trois galettes*
indéfinis	*quelques contes*

- Attention ! Il existe aussi des articles définis contractés *(au, du...)* qui remplacent une préposition *(à, de...)* et un article.
Je vais au cinéma. (= à le cinéma)

Pour en savoir plus, consulte Bescherelle école.

1 Complète par des articles.

C'est .... histoire .... loup qui mangea jadis .... Petit Chaperon rouge. .... beau jour, il vit .... petite fille toute de vert vêtue traverser .... forêt.
« Tiens, se dit-il, voici .... Petit Chaperon vert, je vais faire .... bon repas, pour .... fois ! »

D'après *Le Petit Chaperon vert.*

..../ 9

2 Souligne les articles partitifs.

1. Je mangerais bien de la galette.
2. Les loups n'existent pas qu'au cinéma.
3. Elle se met du parfum.
4. Ils font du bruit.
5. Elle revient de la forêt.

..../ 3

3 Récris ces phrases en mettant tous les adjectifs possessifs au pluriel.

1. Anne-Marie n'a pas fait son exercice.

....

2. En ricanant, le loup découvre sa grande dent toute jaune.

....

3. Leur chien se prend pour un loup.

....

..../ 3

4 Complète par des adjectifs démonstratifs.

.... fois-ci, ... méchant animal ne parvint pas à dévorer .... enfant rusée. En effet, ... fillette n'était pas tombée de la dernière pluie ! Elle se refusa à poser .... question, vous savez bien, celle qui parle de dents ! Le loup entra dans une rage froide et prononça .... mots : « Enfer et damnation !!! .... Petit Chaperon vert se joue de moi ! »

D'après *Le Petit Chaperon vert.*

..../ 7

5 Souligne les déterminants de cette comptine et indique à quelle classe ils appartiennent.

Je suis poilu	....	Sur l'autre rive	....
Fauve et dentu,	....	Qui donc arrive	....
J'ai les yeux verts	....	À petits pas ?	....
Mes crocs pointus	....	Hmmm ! je salive !	....
Me donnent l'air	....	C'est mon repas	....
Patibulaire. [...]	....	Qui vient là-bas ! [...]	....

Marelles

..../ 5

6 Dictée

Chaque jour, le Petit Chaperon vert traversait la forêt. Plusieurs personnes l'avaient avertie de la présence du loup. Mais elle n'avait aucune crainte, elle n'était pas comme certains chaperons d'autrefois.

6 GRAMMAIRE

Reconnaître les pronoms

Lis avant de commencer

- Les pronoms personnels *(je, tu ; me, te ; le, lui ; en, y ...)* représentent les personnes qui parlent, à qui on parle ou dont on parle.
  J'ai une étrange impression.
- Les pronoms possessifs *(le mien, le sien...)* permettent de désigner un être vivant ou un objet en indiquant à qui il appartient.
  Ton rêve est étrange, ***le mien*** *aussi.*
- Les pronoms démonstratifs *(celle-ci, celui-ci...)* désignent une personne ou un objet sans utiliser son nom. ***Celle-ci****, je l'ai déjà vue.*
- Les pronoms indéfinis *(chacun, tous...)* permettent de désigner tous les éléments, certains des éléments ou aucun des éléments d'un groupe.
  Tous *ont la même impression.*
- Les pronoms relatifs *(qui, que, où, dont...)* permettent de ne pas répéter le nom de l'antécédent qu'ils remplacent.
  La ville ***que*** *nous visitons ne m'est pas inconnue.*

Pour en savoir plus, consulte Bescherelle école.

1 Remplace chaque GN par un pronom possessif.

mon cheval → le mien

notre saloon, ... leur école, ...

leurs chevaux, ... nos amis, ...

ton amie, ... ma mère, ...

mes bottes, ... son équipe, ...

..../ 8

2 Complète par l'un des pronoms démonstratifs suivants : celui, celles-ci, cela, celui-là, celui-ci.

1. Je voudrais m'acheter des bottes de cow-boy : .... me plaisent bien mais elles sont trop chères. 2. Voici deux chevaux : .... est rapide comme l'éclair, mais .... est plus docile. 3. J'adore les westerns : .... que j'ai vu hier m'a enchantée. 4. Que tu me croies ou non, ... m'est bien égal !

..../ 5

3 Remplace les GN en italique par un pronom personnel, puis indique s'ils sont COD ou COI.

Je parle *au shérif* ➜ Je ***lui*** (COI) parle.

1. Calamity Jane a sauvé *Lucky Luke.*

....

2. Le caractère et la force de Jane effrayaient un peu *ses parents.*

....

3. Elle pense souvent *à Wild Bill, son défunt mari.*

....

..../ 3

4 Souligne en bleu les adjectifs indéfinis, en rouge les pronoms indéfinis.

1. Que personne ne bouge ! 2. Ils se sont tous tus quand elle est entrée, aucun ne l'a saluée. 3. Tous les jours, je fais une promenade. 4. Aucun cow-boy n'est aussi intelligent que Lucky Luke.

..../ 5

5 Construis une seule phrase en utilisant un pronom relatif.

J'ai vu cette ville hier. Elle est triste. ➜ La ville que j'ai vue hier est triste.

1. L'homme tire plus vite que son ombre. Il s'appelle Lucky Luke.

....

2. Nous avons visité une ville. Nous voudrions y passer nos vacances.

....

3. Le village voisin est particulièrement mal fréquenté. Ce convoi en vient.

....

..../ 3

6 Dictée

Exactitude, obéissance et loyauté : c'est par l'observation scrupuleuse de ces trois commandements qu'Aristide Rouchelon avait gagné l'estime de ses chefs. […] Or, il arriva qu'un jour cet homme fut atteint d'une étrange maladie. Ce matin-là, comme à son habitude, il quitta son lit en faisant attention que son pied droit prît en premier contact avec le sol, afin d'éliminer tout risque de se trouver d'humeur maussade au long de la journée.

D'après *Le Voleur de chapeaux.*

7 GRAMMAIRE

Distinguer les prépositions des conjonctions de coordination

Lis avant de commencer

- Les prépositions *(à, au, aux ; après, avant, avec, chez, dans ; de, du ; depuis, dès, derrière, devant...)* relient des mots qui ont des fonctions différentes.
  *Le monstre s'approche **dans** l'ombre.* (*dans* introduit le CC de lieu)
- Les conjonctions de coordination *(mais, ou, et, donc, or, ni, car)* relient des mots ou des propositions qui ont la même fonction.
  *Le boucher est matinal **et** méticuleux.* (« et » relie les deux adjectifs attributs du sujet.)
  *Il chante **mais** il travaille.* (« mais » relie les deux propositions indépendantes.)

Pour en savoir plus, consulte Bescherelle école.

1 Souligne les prépositions.

Benoît partit boire un café au comptoir du café voisin, tandis que son père, après avoir ouvert le hayon de sa camionnette, chargeait déjà un énorme quartier de bœuf sur ses épaules, avec un grand han ! Soudain, une silhouette monstrueuse, hirsute et dépenaillée bondit de derrière un abribus.

D'après *Lapoigne et l'Ogre du métro.*

...../ 8

2 Complète par des prépositions.

Ahmed, le conducteur ..... la benne ..... ordures qui passe tous les matins rue Lacépède, ne put fournir qu'une description très approximative ..... l'être qui agressa Tartepaigne. C'était quelque chose ..... assez grand, ... l'abondante tignasse sombre.

D'après *Lapoigne et l'Ogre du métro.*

...../ 5

3 Souligne tous les compléments introduits par une préposition. Classe-les selon leur fonction.

1. Un cri s'éleva dans la nuit. 2. Dans la pâleur du petit matin, chacun frissonnait. 3. Derrière l'abribus se tramait une histoire louche. 4. Il sortit son arme à feu. 5. Depuis toujours, il adorait les sardines en boîte.

Compléments du verbe : ....

....

Compléments du nom : ....

....

..../ 7

4 Entoure les conjonctions de coordination.

1. Le cri avait alerté Benoît et il sortit en courant du bar-tabac. 2. Je suis clochard mais je sais écrire ! 3. Il était question d'une créature dépenaillée et monstrueuse. 4. Je les voyais, le thon mort et le monstre vivant, s'enfuir dans la pénombre !

D'après *Lapoigne et l'Ogre du métro.*

..../ 4

5 Complète avec une conjonction de coordination.

1. Le boucher n'était ..... aimable ..... même poli, ... les habitants du quartier ne l'aimaient guère. 2. Il portait un pardessus noir ..... vert. 3. L'abribus s'est écroulé ..... il n'y a aucune victime. 4. Le boucher s'essuie les mains sur son tablier ..... accueille les clients. 5. Ahmed ..... le boucher se connaissent bien ..... ils habitent dans le même immeuble.

..../ 8

6 Dictée

Il y aurait beaucoup à dire sur la personnalité de M. Tartepaigne que j'ai bien connu, et qui, durant de longues années, m'a réveillé tous les matins à cinq heures : il chantait *La Belle de Cadix* en récurant son comptoir de bois, sur lequel il allait découper de la bavette et de l'aloyau.

D'après *Lapoigne et l'Ogre du métro.*

8 Reconnaître un adverbe

GRAMMAIRE

Lis avant de commencer

- Les adverbes sont des mots invariables qui servent à préciser le sens d'un verbe, d'un adjectif ou d'un autre adverbe.
- Les adverbes se présentent sous la forme de mots simples *(demain)*, de groupes de mots *(tout à coup)* ou de mots terminés par -ment *(bruyamment)*.
  *Les enfants jouent **bruyamment**.* (« bruyamment » précise le sens du verbe « jouer »)
- Tout est le seul adverbe dont la forme varie : devant un adjectif qualificatif féminin *singulier* ou *pluriel* commençant par une consonne, il s'écrit toute ou toutes.
  *Il est **tout** content. Elles sont **toutes** contentes.*
  *Elle est **toute** joyeuse. Ils sont **tout** gentils.*

Pour en savoir plus, consulte Bescherelle école.

1 **Relève les adverbes de ces phrases et classe-les selon leur forme.**

1. À peine s'était-il assoupi, qu'il fut réveillé par les cris. 2. M. Tapedur était vraiment fâché. 3. Allez voir là-bas si j'y suis ! 4. Demain, se dit-il, j'achèterai des boules Quies. 5. Il leur a dit clairement ce qu'il pensait.

Mots terminés par -ment : ....

Mot simple : ....

Groupes de mots : ....

...../ 5

2 **Entoure chaque adverbe et souligne le mot dont il précise le sens.**

Il est [très] <u>énervé</u>.

1. M. Tapedur soupira longuement. 2. Ce n'est pas très gentil de déranger ce monsieur pendant sa sieste ! 3. Fifine, qui est beaucoup trop sage, est restée à la maison pour faire tranquillement ses devoirs. 4. Les enfants sont excessivement agités.

...../ 7

3 Récris les phrases en les enrichissant avec un adverbe qui précisera le sens du mot souligné.

1. Cet enfant, gentil mais turbulent, rentre à la maison avec des bleus.

....

2. La bande de garnements a détalé.

....

3. Ce garçon est enrhumé.

....

..../ 4

4 Classe les adverbes en italique d'après leur sens, selon les exemples.

1. *Parfois*, ils vont faire des bêtises dans le terrain vague : *là*, ils *ne* dérangent *pas* les voisins. 2. Ils se disputent *très souvent* dans la cour. 3. M. Tapedur a *violemment* ouvert sa fenêtre. 4. Il *n'*est *jamais* content.

Manière : *gentiment,* ....

Lieu : *ici,* ....

Temps : *maintenant,* ....

Quantité : *beaucoup,* ....

Affirmation/négation : *ne… plus,* ....

..../ 7

5 Orthographie correctement l'adverbe tout.

1. Ils étaient *(tout)* .... penauds : ils venaient de casser une vitre. 2. Fifine avait eu une bonne note, elle rentra chez elle *(tout)* .... contente. 3. Aujourd'hui, ils sont *(tout)* .... calmes.

..../ 3

6 Dictée

Le spectacle du néant étoilé avait défilé sous les yeux de Stan, trop rapidement à son goût. Neptune, Saturne et la petite Mercure, tout cela avait été avalé à toute vitesse : il ne leur avait fallu que cinq minutes pour parvenir en orbite autour d'Isol 50. Stan s'était débrouillé pour faire entrer discrètement Mélody dans la salle des moteurs…

D'après *Planète verte, peur bleue.*

9 Reconnaître une phrase

GRAMMAIRE

Lis avant de commencer

- Une phrase est une suite de mots qui a un sens.
- Pour avoir un sens, une phrase doit comporter deux parties :
  le groupe nominal sujet (GNS) et le groupe verbal (GV).
  - Le GNS indique de qui ou de quoi l'on parle.
  - Le GV comporte le verbe et indique ce que l'on dit de cette personne, de cet objet ou de cette idée.

  Le voisin d'Achille Talon (GNS) *est très poli* (GV).
- Certaines phrases ont un sens, bien qu'elles ne possèdent pas de verbe : on les appelle des phrases nominales. *Un peu bizarre, ce voisin !*

Pour en savoir plus, consulte Bescherelle école.

1 **Forme des phrases avec tous les mots (il y a plusieurs possibilités). Place la majuscule ainsi que la ponctuation correcte.**

1. Achille au on le d' bruit de loin la entendait Talon pelle

....

2. voisin dans ne de déranger quand mon je cesse suis mon me jardin

....

3. de obscurci petits dans flocons ciel voltigeaient le soudain

....

..../ 3

2 **Relie GNS et GV pour former le plus de phrases possible.**

Je •	• sont allés à Prisunix.
Nos voisins •	• connais M. Tapedur.
Nous •	• sommes bons.
Tu •	• déblaie la neige.
	• nous parlent.

..../ 6

3 Souligne les GNS et encadre les GV.

1. Un seul être au monde peut à la fois piétiner la langue anglaise, le théâtre classique et l'herbe de ce bois ! 2. Cet athlète complet de la cuistrerie ne peut être que Talon. 3. Mon public s'est défilé comme un seul homme ! 4. Je veux bien tout endurer sauf ça ! 5. J'irai défricher la mer des Sargasses pour la culture du plancton !

D'après *Achille Talon. Ma vie à moi.*

..../ 10

4 Complète par le groupe qui manque pour former des phrases.

1. .... n'aiment pas passer sous une échelle.
2. Ernest, à qui j'ai rendu visite hier soir, ...
3. .... est parti subitement en voyage.
4. .... prierez votre père de venir me voir.
5. Monsieur Achille Talon, voisin de M. Lefuneste, ...

..../ 5

5 Souligne les phrases nominales.

1. Alors Chichille, cette journée de bonté ? 2. Mais ! 3. En toute franchise.
4. Je suis bon ! 5. Oui, mon papa ! 6. Miracle, dans mon huître, une perle !
7. Fuyez, Talon ! 8. Un survol de projectiles non identifiés.
9. Ça va, minable ?

D'après *Achille Talon. Ma vie à moi.*

..../ 4

6 Dictée

« Là, là, un monstre derrière toi ! » cria ma grand-mère, terrorisée, en entrant dans ma chambre. Je me retournai vivement et ne vis qu'une ombre furtive se glisser derrière les rideaux. « Ici, chien stupide ! » ordonnai-je en soulevant le lourd velours rouge. Rex, tout penaud, se dégagea avec peine de l'étreinte de l'étoffe. C'était son jeu préféré : il adorait entrer en trombe dans une pièce et se cacher dans les coins les plus saugrenus.

10 Reconnaître la fonction sujet

GRAMMAIRE

Lis avant de commencer

- Une phrase a obligatoirement un sujet.
- Le sujet est le groupe qui exprime de qui ou de quoi l'on parle.
  Il répond à la question *Qui est-ce qui (+ verbe) ?* ou *Qu'est-ce qui (+ verbe) ?*
  Il peut être encadré par *c'est (ce sont)... qui*.
  Gros-Papa se pèse. → ***C'est*** *Gros-Papa* ***qui*** *se pèse.*
- La fonction sujet peut être occupée par :
  - un nom propre : ***Gros-Papa*** *mange trop.*
  - un GN : ***Le père de Fiston*** *mange trop.*
  - un pronom : ***Il*** *mange trop.*
  - un infinitif : ***Se peser*** *est une bonne habitude.*
- Le sujet se trouve habituellement avant le verbe, mais il peut être placé après. *Que disait Gros-Papa ?*

Pour en savoir plus, consulte Bescherelle école.

1 Souligne les sujets.

Gros-Papa aime trop le cake et les mille-feuilles. Il a un ventre rond et un double menton. Un dimanche matin, il décida de suivre un régime et de faire de la gymnastique. « Finis, les gâteaux », annonça-t-il bravement.

D'après *Fiston et Gros-Papa*.

..../ 4

2 Récris les phrases en réduisant le GNS.

Le costume de princesse est ravissant. → Le costume est ravissant.

1. Le jeune homme dont tu m'as parlé a une moto.

....

2. Le conducteur de la benne à ordures m'a salué.

....

3. Les anciens camarades de classe de mon père sont venus dîner.

....

..../ 3

3 Récris ces phrases en inversant le sujet et le verbe.

1. Au loin, des bruits sourds résonnaient.

....

2. Sur la banlieue de Londres, une fine pluie grise tombait.

....

3. Dans la poêle chaude, les œufs et les saucisses grésillaient.

....

4. Georges s'écria : « Tant pis ! »

....

..../ 4

4 Récris ces phrases en remplaçant les sujets par des pronoms qui conviennent.

1. L'aspirateur avala goulûment mon quatre-quarts.

....

2. Gros-Papa, oncle Lucien et Fiston sont allés se promener à Brest en Fiat 500.

....

D'après *Fiston et Gros-Papa*.

..../ 2

5 Remplace les sujets par des infinitifs.

1. La pratique d'un sport aide à mincir.

....

2. Une nourriture équilibrée prévient l'obésité.

....

..../ 2

6 Dictée

Mlle Luguet nous a demandé de raconter nos vacances. Comme je ne pars jamais en vacances, j'ai inventé. J'ai écrit : « *L'année dernière, je suis allé en Afrique pour rendre visite à ma mère. Henriette est déesse dans un village pygmée. C'est un très bon métier. On lui apporte des offrandes, des frites avec du poulet basquaise, de la tarte aux fraises et du quatre-quarts.* »

D'après *Fiston et Gros-Papa*.

11 GRAMMAIRE

Reconnaître les fonctions de l'adjectif qualificatif

Lis avant de commencer

- L'adjectif qualificatif peut être :
  - épithète ; il fait partie du groupe nominal : *La **pauvre** limace pleure.*
  - attribut ; il est relié au sujet de la phrase par un verbe d'état (être, sembler, paraître, devenir, rester, demeurer...) : *La limace est **triste**.*
  - en apposition : *Très **triste**, la limace verse de grosses larmes.*

Pour en savoir plus, consulte Bescherelle école.

1 Forme des groupes nominaux avec les adjectifs qualificatifs. Coordonne-les si nécessaire.

un crocodile féroce et menaçant

1. une limace (molle, gélatineuse) ....
2. une libellule (délicate, petite) ....
3. des vers de terre (minuscules, malicieux) ....
4. des chenilles (poilues, gentilles) ....
5. des araignées (petites, vertes) ....
6. une fourmi (rouge, bleue) ....

..../ 6

2 Souligne en bleu les adjectifs qualificatifs épithètes, en rouge les adjectifs qualificatifs attributs.

Une limace, c'est mou, c'est flasque. C'est gélatineux. Ça n'a ni queue ni tête. Bref, le monde entier s'accorde à dire qu'elles ont l'air immondes. On dit un « beau papillon », une « gracieuse libellule », une « adorable coccinelle ». Mais qui saurait reconnaître un charme quelconque à ces bestioles gluantes que sont les limaces !

D'après *Dodoche la limace*.

..../ 10

3 Souligne les adjectifs qualificatifs mis en apposition.

1. Solitaire, méprisée de tous, sans famille, sans amis, Dodoche pleurait.
2. Fatiguée, écœurée, découragée, Dodoche avait fini par gagner son abri, sous une pierre.
3. L'escargot rentra dans sa coquille, confus.

..../ 6

4 Complète les phrases par un adjectif attribut.

1. Achille Talon est ....
2. Mon frère deviendra ....
3. Nous restons ....
4. Depuis toujours, mon oncle est ....
5. Le royaume de Trouille-les-Pétoches semble ....

..../ 5

5 Souligne en bleu les adjectifs épithètes, en rouge les adjectifs attributs et en vert les adjectifs mis en apposition.

Dodoche la limace s'était transformée en escargot ! Ravie, elle bénissait le ciel de ce somptueux cadeau. De limace à limaçon, il y a un monde en effet ! D'abord, les gens vous trouvent bien plus beau et puis vous n'avez plus de problèmes de logement puisque vous transportez votre maison, vous pouvez vous y claquemurer à la moindre alerte ! Pour Dodoche, la vie devint belle…

D'après *Dodoche la limace.*

..../ 5

6 Dictée

Dodoche, réveillée, se recroquevilla sous sa pierre, car les oiseaux étaient des ennemis redoutables. Ce faisant, elle se cogna et en éprouva une petite douleur. « Qu'est-ce que j'ai dans le dos ? Je suis bossue par-dessus le marché ? » Voici que sur son dos, durant la nuit, avait poussé une coquille nacrée, irisée, à la fois légère et robuste. Voici qu'à son insu, Dodoche s'était transformée en escargot !

D'après *Dodoche la limace.*

12 Reconnaître la fonction attribut du sujet

GRAMMAIRE

Lis avant de commencer

- On rencontre l'attribut du sujet après des verbes d'état *(être, sembler, paraître, rester...)*
- L'attribut du sujet peut être :
  - un adjectif qualificatif : *Ce garçon est **rêveur**.*
  - un nom ou un GN : *Forfan est **un garçon rêveur**.*
  - un infinitif : *Il semble **rêver**.*
  - un pronom : *Il est rêveur et il **le** restera.*

Voir aussi Reconnaître le complément d'objet direct, p. 30.

- L'adjectif attribut s'accorde en genre et en nombre avec le sujet du verbe. *Les petits garçons sont **rêveurs**.*

Pour en savoir plus, consulte Bescherelle école.

1 Entoure les verbes d'état et souligne les attributs du sujet.

Il [reste] <u>le meilleur élève de la classe</u>.

1. Quand on est un petit garçon de dix ans, on a la cervelle en ébullition. 2. « Ah ! si j'étais un monstre… », pense Forfan. 3. Le héros du western a l'air idiot et Forfan préfère les films d'épouvante. 4. Le père de Forfan, qui est radio sur un bateau, est revenu passer quelques jours avec eux. 5. Il a décrété que Forfan était trop grand pour jouer à l'Immonde Bête Velue.

D'après *Ah ! si j'étais un monstre…*

…./ 10

2 Complète les phrases avec les attributs suivants : détectives privés – mignonne – une chanteuse célèbre – grands – avoir mauvais caractère

1. Quand ils seront ……………………………………, mes cousins seront …………………………………… . 2. Rosalie est …………………………………… avec son palmier sur la tête. 3. Ma tante est devenue …………………………………… . 4. Elle grognait toujours : elle semblait …………………………………… .

…./ 5

3 Souligne en rouge les attributs du sujet et en bleu les COD.

1. Il deviendra un astronaute célèbre. Il a vu un astronaute célèbre.
2. Je connais une danseuse étoile. Ma sœur est une danseuse étoile.
3. Nous resterons de bons amis. Ils inviteront de bons amis.
4. Dans sa jeunesse, elle a été pilote de course. Elle aime un pilote de course.

..../ 8

4 Transforme les GN attributs en adjectifs attributs.

1. Ce garçon est un impertinent.

....

2. Le monstre velu semble d'une grande gentillesse.

....

3. Je suis un surdoué !

....

4. Ce livre est d'un grand intérêt.

....

..../ 4

5 Accorde correctement les adjectifs.

1. Elle est restée *(jeune et joli)* ....
2. Ces chansons sont *(doux et mélodieux)* ....
3. Le monstre velu est *(inoffensif)* ....
4. Tu seras *(malade)* .... si tu manges trop de bonbons.

..../ 4

6 Dictée

Forfan a tant voulu être une Immonde Bête Velue qu'il l'est devenu. Il fait son entrée en classe. Les garçons et les filles sont terrorisés. Cependant, la douce Mme Joly, qui est très myope, ne semble pas s'étonner. « Bonjour, mon garçon, tu es nouveau ? demande-t-elle à Forfan. Comment tu t'appelles ? »

D'après *Ah ! si j'étais un monstre…*

13 Reconnaître le complément d'objet direct

GRAMMAIRE

Lis avant de commencer

- Le COD est le groupe qui indique sur quoi porte l'action effectuée par le sujet. Il peut être encadré par *c'est (ce sont)... que*.
  Jip traverse la pièce. → ***C'est** la pièce **que** Jip traverse.*
- Le COD s'emploie avec des verbes transitifs. *Jip percute le poste de télévision.* (percute : verbe d'action transitif ; le poste de télévision : COD)
- Il n'y a jamais de COD avec des verbes d'état.
- Le COD est relié directement au verbe.
- La fonction COD peut être occupée par :
  - un nom propre : *Jip taquine **Flip**.*
  - un GN : *Jip traverse **la pièce**.*
  - un infinitif : *Jip aime **jouer**.*
  - un pronom : *Jip **la** traverse.*
  - une proposition subordonnée : *Il comprend **qu'il se trouve dans l'émission**.*

Pour en savoir plus, consulte Bescherelle école.

1 Souligne les verbes transitifs et complète-les, si nécessaire, par un COD.

1. Il lit tranquillement ....
2. Tout à coup, elle aperçoit ....
3. Il blêmit ....
4. Finalement, elle obtint ....
5. Il arrivera à cinq heures ....

..../ 5

2 Complète par des COD selon les indications entre parenthèses.

1. Les Indiens lançaient *(GN)* .... de tous côtés.
2. « Ne taquine pas *(nom propre)* .... , dit madame Binda de la cuisine, tu *(pronom)* .... ennuies toujours. » 3. Arrête un peu *(GN)* .... !

D'après *Jip dans le téléviseur.*

..../ 4

3 Mets le COD en relief en le reprenant par un pronom, selon l'exemple.

J'adore cette série télévisée. ➜ Cette série télévisée, je **l'**adore.

1. L'électricien répare le poste de télévision.

....

2. Je ne rate jamais les dessins animés.

....

3. « Vendons la télévision ! » propose papa.

....

....../ 3

4 Transforme les phrases selon l'exemple.

Il dit aimer les films. ➜ Il dit qu'il aime les films.

1. Il dit connaître cet acteur de télévision.

....

2. Nous reconnaissons l'avoir regardée.

....

3. Il pense aller à la Maison de la Radio dimanche prochain.

....

....../ 3

5 Écris une seule phrase selon l'exemple.

Ils dorment. Je le pense. ➜ Je pense qu'ils dorment.

1. Ils ne sont pas rentrés de l'école. Il le suppose.

....

2. L'électricien n'est pas encore arrivé. Je le crois.

....

....../ 2

6 Dictée

Le 17 janvier à 18 heures 30, le jeune Jean-Pierre Binda, dit Jip, alluma la télévision, enleva ses souliers et se pelotonna dans un fauteuil pour regarder le film. À 18 heures 38, Jip éprouva soudain une sorte de démangeaison dans les jambes. À 18 heures 39, une force inconnue l'attira irrésistiblement. Il décolla de son fauteuil, traversa en volant la pièce et tomba à travers l'écran, dans le poste de télévision.

D'après *Jip dans le téléviseur.*

14 Reconnaître le complément d'objet indirect

GRAMMAIRE

Lis avant de commencer

- Certains verbes se construisent avec les prépositions *à (au, aux)* ou *de (du, des)*. Ces verbes sont souvent suivis d'un complément d'objet indirect (COI).
  Il parle à ses camarades.
- La fonction COI peut être occupée par :
  - un nom propre : *Il parle **à Nicolas**.*
  - un GN : *Il parle **à son meilleur copain**.*
  - un infinitif : *Il pense **à jouer**.*
  - un pronom : *Il **lui** parle.*
- Quand un verbe a un COD et un COI, le COI est appelé complément d'objet second (COS).
  *Le docteur **lui** (COS) a montré **des lettres** (COD).*

Pour en savoir plus, consulte Bescherelle école.

1 Complète ces phrases par un COI de ton choix.

1. Souvent, il écrit de longues lettres ....
2. À la récréation, Nicolas et ses copains discutent ....
3. Ne parle pas .... !
4. Clotaire va téléphoner demain ....
5. Nous voilà enfin débarrassés ....

..../ 5

2 Souligne en bleu les COI, en rouge les compléments circonstanciels.

1. À l'hôpital, il dit « Bonjour » aux médecins.
2. Dans la salle d'attente, les malades parlaient de la pluie et du beau temps.
3. L'infirmière pense souvent aux malades.
4. Tu t'intéressais déjà à la philosophie à cinq ans.

..../ 9

3 Complète selon les indications.

1. Prête *(COD)* .... à ton camarade ! 2. Le vendeur a rendu la monnaie *(COS)* .... 3. Vous devriez envoyer une carte postale *(COS)* .... 4. Ne me racontez pas *(COD)* ....

...../ 4

4 Remplace les groupes nominaux COI par des pronoms personnels COI.

Il pense **à ses belles lunettes de soleil**. → Il **y** pense.

1. Je me suis rendu compte de mon oubli.

....

2. Nous demanderons des lunettes à nos papas.

....

3. Grand-père raconte des histoires à Jojo.

....

...../ 3

5 Classe les pronoms en italique en deux groupes : COD et COI.

1. Clotaire a dit que quand Alceste aurait les mains sèches, il voudrait bien *les lui* prêter, les lunettes. 2. « Si je *vous* entends encore, je sévirai ! » *leur* a dit Le Bouillon. 3. Agnan s'est mis à pleurer et il a dit que personne ne *l'*aimait. 4. Je ne veux plus jamais *en* entendre parler, de ces lunettes !

D'après *Le Petit Nicolas et les copains.*

COD : ....

COI : ....

...../ 6

6 Dictée

« T'as vu mes lunettes ? a demandé Clotaire à Agnan. Maintenant, je serai le premier en tout ! La maîtresse s'adressera à moi pour effacer le tableau et aller chercher les cartes de géographie ! La la lère !

– Non, monsieur ! Non, monsieur ! a dit Agnan. Le premier, c'est moi ! D'abord, tu n'as pas le droit de venir à l'école avec des lunettes ! »

D'après *Le Petit Nicolas et les copains.*

15 Reconnaître les compléments circonstanciels

GRAMMAIRE

Lis avant de commencer

- Les compléments circonstanciels sont des compléments facultatifs qui donnent des informations sur les circonstances de l'action (temps, lieu, manière, cause, but, moyen...).
- On peut généralement déplacer ou supprimer les CC.
  ***Le mercredi**, je me déguise.* → *Je me déguise **le mercredi**.* → *Je me déguise.*
- Le complément circonstanciel peut être :
  - un GN souvent introduit par une préposition :
  *Il se déguise **dans le terrain vague**.*
  - un adverbe : ***Aujourd'hui**, il se déguise.*
  - une proposition : *Il se déguise **quand il ne va pas en classe**.*

Pour en savoir plus, consulte Bescherelle école.

1 **Indique, au-dessous de chaque CC, son type (lieu, cause, manière, etc.).**

1. À l'aide d'un canif bien aiguisé, je taillai patiemment des flèches.

....

2. Mon cheval noir s'était enfui au galop dans un bouquet d'arbres.

....

3. Il traça sur nos visages de longues traînées avec le rouge à lèvres de sa mère.

....

4. À cause de sa splendide coiffure de plumes, il transpirait abondamment.

....

5. Ils avaient ligoté Jeannette au tronc de l'arbre quand leurs parents les appelèrent pour dîner.

....

...../ 10

2 Déplace les CC.

1. Tous les mercredis, la tribu se réunissait dans le terrain vague.

....

2. Le chef indien avait les cheveux rasés quand il revint de chez le coiffeur.

....

3. Il se mit à parler aux arbustes d'une voix farouche.

....

..../ 3

3 Complète les phrases par des CC.

1. Je tirai *(CC de manière)* .... des flèches *(CC de lieu)* ....

2. *(CC de temps)* ...., Gros-Papa et Fiston se sont déguisés *(CC de but)* ....

3. *(CC de moyen)* ...., elle essaie de faire tomber les pommes *(CC de lieu)* ....

..../ 6

4 Classe les CC selon leur nature.

1. Demain, nous irons jouer dans la cour quand nous aurons fini nos devoirs.
2. Dans sa boutique, dès l'aube, il récurait patiemment le comptoir de bois.
3. Là, il empoigna ses lunettes et les lança rageusement contre le mur.

GN : ....

Adverbes : ....

Proposition : ....

..../ 9

5 Dictée

Les Indiens se firent le salut secret et décampèrent dans le crépuscule, le cartable au dos. Lorsque Grand-Crocodile rentra chez lui, toute sa famille regardait silencieusement un western à la télévision. Le grand chef ôta avec précaution ses chaussures dès l'entrée et se déplaça sur la pointe de ses chaussettes.

D'après *Les Indiens de la rue Jules-Ferry.*

16 Distinguer la nature et la fonction d'un mot

GRAMMAIRE

Lis avant de commencer

- La nature d'un mot est sa catégorie grammaticale (nom, verbe, adjectif qualificatif, pronom, adverbe...).
- La fonction d'un mot est le rôle qu'il joue dans la phrase (sujet, COD, COI, attribut, épithète...).
- Des mots de nature différente peuvent avoir la même fonction.
  Georges *(nom sujet) entre en classe.* ***Il*** *(pronom sujet) entre en classe.*
- Des mots de même nature peuvent avoir des fonctions différentes.
  Georges *(nom sujet) est nouveau.*
  La maîtresse présente ***Georges*** *(nom COD) à la classe.*

Pour en savoir plus, consulte Bescherelle école.

1 Indique la nature des mots suivants. Tu peux t'aider de ton dictionnaire.

ce : .... à : .... vers : ....

merveilleux : .... merveille : .... celui-ci : ....

merveilleusement : .... une : .... manger : ....

pitié : .... la : .... beau : ....

..../ 12

2 Cherche deux mots de la même famille que chacun de ces mots, mais de nature différente. Indique leur nature entre parenthèses.

rire (v.), le rire (n.), rieur (adj.)

gentiment (.............), ...

habile (.............),..

ignorer (.............),..

calme (.............),..

le sommeil (.............), ...

méchant (.............),..

..../ 18

3 Indique la fonction du GN ou du nom en italique.

1. *La maîtresse* (....................................) nous regarde avec des yeux ronds.
Nous écoutons attentivement *la maîtresse* (..).
2. *Le nouvel élève* (....................................) a un tas de belles dents.
Le chouchou de la classe se méfie *du nouvel élève* (..................................).
3. *Djodjo* (....................................) est très sympathique.
Nous avons entouré *Djodjo* (....................................) à la récréation.

..../ 6

4 Souligne les COD et indique la nature des mots qui les composent.

1. Le nouvel élève avait des cheveux rouges. ....
2. La maîtresse le présente à la classe. ....
3. Je lui ai offert du chocolat à la récréation. ....
4. Nous aidons Georges à faire ses devoirs. ....

..../ 4

5 Indique la fonction du groupe en italique. Souligne le nom noyau et indique sa nature.

1. *Notre nouveau petit camarade* s'appelle Georges.

....

2. Ses yeux sont *bleus comme la bille que j'ai perdue hier à la récréation.*

....

3. *La maîtresse, qui est très gentille mais qui perd parfois son calme,* demande aux enfants de cesser leur chahut.

....

..../ 3

6 Dictée

« C'est dommage que personne ne parle sa langue », a dit la maîtresse. « Moi, je possède quelques rudiments d'anglais », a dit Agnan. Mais après qu'Agnan eut sorti ses rudiments à Djodjo, Djodjo l'a regardé et puis il s'est mis à rire et il s'est tapé le front avec le doigt.

D'après *Le Petit Nicolas.*

17 Utiliser la voix passive

GRAMMAIRE

Lis avant de commencer

- À la voix passive, le sujet subit une action accomplie par le complément d'agent.
  Phrase active : *Les garnements* (sujet) *volent* *la pizza* (COD).
  Phrase passive : *La pizza* (sujet) *est volée* (verbe) *par les garnements* (complément d'agent).
- On peut transformer une phrase active en phrase passive si le verbe est transitif.
- Le verbe de la phrase à la voix passive est toujours construit avec l'auxiliaire être et le participe passé du verbe.

Pour en savoir plus, consulte Bescherelle école.

1 Souligne les phrases à la voix passive.

M. Berthier est illustrateur de livres pour la jeunesse. Ses dessins sont appréciés des enfants. Cette semaine, M. Berthier a été très pris par son travail. Il n'a pas eu le temps de faire les courses. Il appelle *Pizza But* pour se faire livrer une pizza géante au fromage. Un quart d'heure plus tard, M. Berthier est alarmé par des bruits dans la rue. Horreur ! Le livreur de *Pizza But* a été attaqué par une bande de garnements ! Ils se sont partagé le dîner de M. Berthier et s'enfuient dans les ruelles du quartier.

…/ 4

2 Transforme ces phrases actives en phrases passives.

1. Filou et sa bande ont affamé les enfants du dessinateur.

……………………………………………………………………………………

2. Les enfants apprécient les pizzas au fromage.

……………………………………………………………………………………

3. M. Berthier a fait le portrait du chef de la bande.

……………………………………………………………………………………

…/ 3

3 Transforme ces phrases passives en phrases actives.

1. La boîte de pizza est retrouvée dans la rue par M. Berthier.

....

2. Le scooter a été abandonné par le livreur de *Pizza But*.

....

3. Tout le quartier a été traumatisé par cet incident.

....

4. Filou et sa bande n'ont pas été rattrapés par les agents.

....

..../ 4

4 Transforme ces phrases actives en phrases passives, selon l'exemple.

On vole la pizza. → La pizza est volée.

1. On ignore l'identité des voleurs.

....

2. On déplore de nombreux vols dans le quartier.

....

3. On a réconforté le livreur.

....

4. On a chassé les chats.

....

..../ 4

5 Complète ces phrases passives par un complément d'agent.

1. Les dessins de M. Berthier ont été achetés ....
2. Dorénavant, les courses seront faites ....
3. Les rues sont envahies ....
4. Avant-hier, un scooter a été retrouvé ....

..../ 4

6 Dictée

« Dépêchez-vous, nous sommes attendus à la pizzeria ! », dit M. Berthier à ses enfants. En effet, toute la famille Berthier, affamée, a été invitée à la pizzeria du coin par le papa de M. Berthier. Quand ils sont arrivés au restaurant, d'énormes pizzas fumantes les attendaient déjà sur la table…

18 Accorder le sujet et le verbe

ORTHOGRAPHE GRAMMATICALE

Lis avant de commencer

- Aux temps simples, le verbe s'accorde toujours en nombre et en personne avec son sujet.
  Nous apprenons le martien.
- Quand un verbe a plusieurs sujets coordonnés par **et** ou juxtaposés, il se met au pluriel.
  Le garçon et son robot s'entendent bien.
- Lorsque le sujet est un pronom relatif, le verbe s'accorde avec l'antécédent du pronom relatif.
  *Il aime **les robots** qui ne sont pas comme les autres.*
  (les robots : antécédent au pluriel ; sont : verbe au pluriel)

Pour en savoir plus, consulte Bescherelle école.

1 Accorde les verbes au passé simple.

1. L'ordinateur domestique, privé de sentiment et pourvu d'une intelligence limitée, ne *(trouver)* .... rien à redire à la présence de Norby.
2. Norby *(se mettre)* .... à tourner rapidement autour de Jeff.
3. Il *(fixer)* .... Jeff d'un air solennel et *(rentrer)* .... furtivement la tête.

D'après *Norby, le robot fêlé.*

..../ 4

2 Complète par le pronom qui convient et accorde le verbe au présent de l'indicatif.

1. .... vous *(entendre)* .... à merveille, ton robot et toi. 2. Ma fiancée, mon robot et moi, ... *(attendre)* .... le vaisseau de 19 heures. 3. Toi et lui, ... *(interroger)* .... les androïdes pendant que mon robot et moi, ... *(filer)* .... vers la Terre.

..../ 8

3 Réunis les couples de phrases.

Jeff ri**t**. Le robot ri**t**. → Jeff et le robot ri**ent**.

1. Bill célèbre l'arrivée des Martiens. Ses amis célèbrent l'arrivée des Martiens.

....

2. L'ordinateur est insensible à la beauté. Le robot est insensible à la beauté.

....

3. Un neutraliseur à longue portée constitue une arme redoutable.
Un lance-roquettes constitue une arme redoutable.

....

....

..../ 3

4 Accorde les verbes à l'imparfait de l'indicatif.

1. Ses circuits et ses transistors *(sortir)* .... par tous les côtés. 2. Parfois, les humanoïdes et les androïdes *(faire)* .... la paix. 3. Nobis et sa douce amie *(avoir)* .... l'habitude de faire une promenade en ferry spatial. 4. À chaque repas, Bill, Jeff et les habitants de Sirius *(observer)* .... de curieux rituels.

..../ 4

5 Souligne l'antécédent du pronom relatif, puis accorde le verbe entre parenthèses au présent de l'indicatif.

1. N'employez que des agents qui n'*(avoir)* .... pas peur des androïdes.
2. Elle entend un signal d'alarme qui *(trouer)* .... le silence.
3. Il faut réparer les robots qui ne *(répondre)* .... plus aux ordres.

..../ 3

6 Dictée

Pouf ! Tout à coup, l'obscurité avait envahi la maison. L'ordinateur, le robot et le distributeur de cacahuètes étaient tombés en panne en même temps ! Un étrange tumulte se faisait entendre. Jeff et Beck virent alors par la fenêtre d'étranges objets qui frôlaient les toits de la ville.

19 Accorder le participe passé

ORTHOGRAPHE GRAMMATICALE

Lis avant de commencer

- Le participe passé employé avec l'auxiliaire être s'accorde en genre et en nombre avec le sujet.
  *Valentine **est** **allée** à la plage.*
- Le participe passé employé avec l'auxiliaire avoir ne s'accorde jamais avec le sujet du verbe. Il s'accorde en genre et en nombre avec le COD quand celui-ci est placé avant le verbe.
  *La bouée que les enfants **ont** **aperçue** est rouge.*
- Le participe passé employé avec l'auxiliaire avoir reste invariable :
  - si le verbe n'a pas de COD,
  - ou si le COD est placé après le verbe.
  *Les enfants **ont** **aperçu** la bouée.*

Pour en savoir plus, consulte Bescherelle école.

1 Accorde les participes passés.

1. Les enfants sont *descendu....* sur la plage. 2. Catherine et Denis sont *allé....* dans les vagues. 3. Béatrice, qui était *fâché....* , est *parti....* toute seule à la pêche dans les rochers. 4. En revenant, elle a été *surpris....* par la marée.

50/-5

2 Accorde les participes passés quand c'est nécessaire.

Tom et Amédée étaient parti.... en bateau pour ramener la bouée. Malheureusement, le vent s'était levé.... et l'embarcation avait commencé.... à dériver vers les rochers. Les garçons ne pouvaient plus revenir. Ils avaient continué.... ainsi à dériver quand soudain, la catastrophe s'était produit.... : le bateau était passé.... sur un rocher et en quelques secondes, ils s'étaient retrouvé.... dans l'eau.

D'après *Mystère au chocolat.*

700/-7

3 Complète les phrases par un participe passé de ton choix.

1. Géraldine et la grand-mère de Tom étaient .... pâles. 2. Les pompiers sont .... très vite. 3. Ali et Antoine sont .... en courant. 4. L'hélicoptère est .... depuis au moins un quart d'heure. 5. Un attroupement s'était .... le long de la plage.

..../ 5

4 Remplace le GN COD par un pronom COD et accorde le participe passé.

1. Tous les enfants ont vu un énorme serpent.

....

2. Les policiers ont appelé la grand-mère de Tom.

....

3. Les sauveteurs ont longuement cherché Géraldine et Aurore.

....

4. Le serpent aurait-il dévoré les fillettes ?

....

..../ 4

5 Classe les verbes sur la ligne qui convient.

1. Cette bouée, je l'ai vue dans les vagues.
2. Le bateau a chaviré.
3. La Sécurité civile, que les enfants ont alertée, a envoyé un hélicoptère.
4. Voici les garçons que les sauveteurs ont déposés sur la plage.

Verbes sans COD : ....

Verbes avec COD placé après : ....

Verbes avec COD placé avant : ....

..../ 5

6 Dictée

Soudain, la scène s'est animée. On a entendu la sirène des pompiers. Ils sont arrivés en trombe, ont descendu la rampe jusqu'à la plage et ont sorti leur matériel de secours. Puis tout le monde a levé la tête en voyant apparaître, dans le ciel bleu, l'hélicoptère rouge de la Sécurité civile.

D'après *Mystère au chocolat.*

20 ORTHOGRAPHE GRAMMATICALE

Accorder les déterminants et les adjectifs avec le nom Former le pluriel des noms

Lis avant de commencer

- Les déterminants et les adjectifs qualificatifs d'un groupe nominal s'accordent en genre et en nombre avec le nom noyau.
- Avec plusieurs noms de genre différent, l'adjectif s'accorde au masculin pluriel. *un géant et une géante menaçants*.
- En général, on forme le pluriel d'un nom en ajoutant un s au nom singulier. *un géant → des géants*
- Attention ! Beaucoup de noms forment leur pluriel selon des règles particulières : les noms terminés par -s, -x, -z, -au, -eau, -eu, -ou, -ail, -al.

Pour en savoir plus, consulte Bescherelle école.

1 Accorde les adjectifs qualificatifs.

Tout à coup, Odilon eut l'*étrange*.... impression d'être épié. *Inquiet*.... , il se retourna et scruta le sommet de la falaise. Dans le noir, il distingua deux lumières *vert*.... . C'est alors qu'apparut une *énorme*.... silhouette *noir*.... d'où jaillissaient deux faisceaux. Un géant de fer !

D'après *Le Géant de fer.*

..../ 5

2 Complète par un adjectif.

1. Les fermiers et les fermières paraissent .... 2. Ils ont retrouvé le tracteur et la pelleteuse .... 3. Ces hommes et cette femme semblent .... 4. Le géant et le garçon, ... , se regardaient.

..../ 4

• Corrigés des exercices

1 Utiliser la ponctuation (p. 6)

1 • Il était une fois une famille de dragons qui habitait une grotte dans la montagne. Le père était très féroce. Il partait le matin attaquer les troupeaux de bisons et de rennes. Quand il avait choisi sa proie, il se dressait sur ses pattes arrière et rugissait en crachant du feu, crrr, crrr.

2 • 1. (.). 2. (?). 3. (!). 4. (.).

3 • Le dragon rampe comme un lézard, vole comme un oiseau et crache des flammes. La terre, l'air et le feu sont ses trois éléments. On trouve des dragons dans le monde entier. Il y en a de gros ou de petits, rampant sur deux ou quatre pattes et possédant une, trois, sept ou neuf têtes.

4 • 1. Il était vraiment maladroit : il se coinçait la queue dans les portes, il cassait tout ce qu'il touchait, il se prenait les pattes dans le tapis. 2. Le papa de Jojo avait rédigé une liste de courses pour son fils : des allumettes, du petit bois, de l'essence à briquet. 3. Je n'ai pas peur de Jojo le dragon : il est tout petit, il est très doux et complètement inoffensif.

5 • *Par exemple :* Montensac (de 50 habitants) ; Ce jour-là (c'était un vendredi) ; l'épicerie (celle de la rue Chanzy). Il était immense (au moins dix mètres), avec un ventre énorme (vert et couvert de pustules) et des naseaux frémissants.

2 Utiliser la forme négative (p. 8)

1 • *Tu dois souligner les phrases suivantes :* Ne m'éclabousse pas de peinture comme ça ! Je ne l'ai pas fait exprès. Ne te gêne pas !

2 • 1. Il a tout trouvé. 2. Tout le monde l'a vu. 3. Elle aime lire et écrire. 4. Ce lapin est toujours content.

3 • 1. Hier soir, le lapin n'est pas passé en courant devant Alice. 2. Les jardiniers ne s'entendent pas très bien. 3. Les roses n'avaient pas besoin d'être repeintes en rouge. 4. Alice n'est pas tombée du haut de l'échelle.

4 • 1. Ne te lève pas tard le matin ! 2. Ne mange pas dix tartines beurrées ! 3. Ne parle pas la bouche pleine !

3 Reconnaître un nom (p. 10)

1 • 1. *Nom propre :* Ganimard. *Noms communs animés :* individu, inspecteur, gamin ;
Noms non animés concrets : signes, maisons, peau, trottoir, craie, croix, cercle ;
Noms non animés abstraits : droite, douzaine, instant.

2 • Paolo, Ruiz, Rosario, Paris, Berlin, Rome, Tapucuara, France, Allemagne, Italie, Atlantique, Europe.

3 • *Par exemple :* l'interrogatoire (MS) ; un suspect (MS) ; cette enquête (FS) ; notre filature (FS) ; les témoins (MP) ; le commissaire (MS) ; quelques indices (MP) ; trois empreintes (FP) ; certaines victimes (FP).

4 • 1. Qui Arsène Lupin regardait-il ? 2. Que regardait Mélissa ? 3. À quoi pensent Kurt et Mélissa ?

4 Reconnaître un verbe (p. 12)

1 • était (être) - avait dit (dire) - sors (sortir) - entendrons (entendre) - avaient dit (dire) - est (être) - avait dormi (dormir) - était (être) - était (être) - était (être) - avait imaginé (imaginer) - avait (avoir) - s'ennuyait (s'ennuyer).

2 • 1. écout/ait : 3ᵉ pers. du singulier. 2. s'ennuy/aient : 3ᵉ pers. du pluriel. 3. accompagner/ai : 1ʳᵉ pers. du singulier.

3 • À la fin, j'en eus assez et, me précipitant sur l'estrade, je mordis le conférencier : « Chameau ! » dit le conférencier furieux.

4 • 1. rester. 2. imaginé. 3. parler.

5 • *Verbes d'état :* sembler, devenir ; *verbes d'action transitifs :* chercher, rencontrer, couper ; *verbes d'action intransitifs :* partir, arriver.

5 Reconnaître les déterminants (p. 14)

1 • *Par exemple :* l'(histoire) - du (loup) - le (Petit Chaperon) - Un (beau jour) - une (petite fille) - la (forêt) - le (Petit Chaperon) - un (bon repas) - une (fois).

2 • 1. de la. 3. du. 4. du.

3● 1. ses exercices. 2. ses grandes dents toutes jaunes. 3. Leurs chiens se prennent pour des loups.
4● Cette (fois-ci) - ce (méchant animal) - cette (enfant) - cette (fillette) - cette (question) - ces (mots) - Ce (Petit Chaperon).
5● les (article défini) ; mes (adjectif possessif) ; l'(article défini) ; l'(article défini) ; mon (adjectif possessif).

6 Reconnaître les pronoms (p. 16)

1● le nôtre - la leur - les leurs - les nôtres - la tienne - la mienne - les miennes - la sienne.
2● 1. celles-ci. 2. celui-ci, celui-là. 3. celui. 4. cela.
3● 1. Calamity Jane l'(COD) a sauvé. 2. Le caractère et la force de Jane les (COD) effrayaient un peu. 3. Elle pense souvent à lui (COI).
4● 1. personne (pronom indéfini). 2. tous (adjectif indéfini) ; aucun (pronom indéfini). 3. Tous (adjectif indéfini). 4. Aucun (adjectif indéfini).
5● 1. L'homme qui tire plus vite que son ombre s'appelle Lucky Luke. 2. Nous avons visité une ville où nous voudrions passer nos vacances. 3. Le village voisin d'où vient ce convoi est particulièrement mal fréquenté.

7 Distinguer les prépositions des conjonctions de coordination (p. 18)

1● au (= à + le) (comptoir) ; du (= de + le) (café) ; après ; de (sa camionnette) ; de (bœuf) ; sur (ses épaules) ; avec ; de derrière.
2● de - à - de - d'- à.
3● 1. dans la nuit (complément du verbe). 2. Dans la pâleur du petit matin (complément du verbe) ; du petit matin (complément du nom). 3. Derrière l'abribus (complément du verbe). 4. à feu (complément du nom). 5. Depuis toujours (complément du verbe), en boîte (complément du nom).
4● 1. et. 2. mais. 3. et. 4. et.
5● 1. ni, ni, et. 2.et. 3. mais. 4. et. 5. et, car

8 Reconnaître un adverbe (p. 20)

1● *Mots terminés par -ment :* vraiment, clairement ; *mot simple :* demain ; *groupes de mots :* à peine, là-bas.
2● 1. longuement *précise* soupira. 2. n'... pas *précise* est ; très *précise* gentil. 3. beaucoup *précise* trop ; trop *précise* sage ; tranquillement *précise* faire. 4. excessivement *précise* agités.
3● *Fais vérifier par un adulte.*
4● *Manière :* violemment. *Lieu :* là. *Temps :* parfois, souvent. *Quantité :* très. *Négation :* ne... pas, ne... jamais.
5● 1. tout - 2. toute - 3. tout.

9 Reconnaître une phrase (p. 22)

1● *Par exemple :* 1. Au loin, on entendait le bruit de la pelle d'Achille Talon. *ou* On entendait au loin le bruit de la pelle d'Achille Talon. 2. Mon voisin ne cesse de me déranger quand je suis dans mon jardin. *ou* Quand je suis dans mon jardin, mon voisin ne cesse de me déranger. 3. De petits flocons voltigeaient dans le ciel soudain obscurci. *ou* Dans le ciel soudain obscurci voltigeaient de petits flocons.
2● Je connais M. Tapedur. Je déblaie la neige. Nos voisins sont allés à Prisunix. Nos voisins nous parlent. Nous sommes bons. Tu connais M. Tapedur.
3● 1. GNS : Un seul être au monde ; GV : peut à la fois piétiner la langue anglaise, le théâtre classique et l'herbe de ce bois. 2. GNS : Cet athlète complet de la cuistrerie ; GV : ne peut être que Talon. 3. GNS : Mon public ; GV : s'est défilé comme un seul homme. 4. GNS : Je ; GV : veux bien tout endurer sauf ça. 5. GNS : J' ; GV : irai défricher la mer des Sargasses pour la culture du plancton.
4● *Il faut compléter par :* 1. un GNS ; 2. un GV ; 3. un GNS ; 4. un GNS ; 5. un GV. *Fais vérifier par un adulte.*
5● *Phrases nominales :* 1, 5, 6, 8.

10 Reconnaître la fonction sujet (p. 24)

1● Gros-Papa ; Il ; il ; il.
2● 1. L'homme... 2. Le conducteur... 3. Les camarades...
3● 1. Au loin résonnaient des bruits sourds. 2. Sur la banlieue de Londres tombait une fine pluie grise. 3. Dans la poêle chaude grésillaient les œufs et les saucisses. 4. « Tant pis ! » s'écria Georges.

4● 1. Il. 2. Ils.
5● 1. Pratiquer un sport aide à mincir. 2. Manger équilibré prévient l'obésité.

11 Reconnaître les fonctions de l'adjectif qualificatif (p. 26)

1● *Par exemple :* 1. une limace molle et gélatineuse. 2. une petite libellule délicate. 3. de minuscules vers de terre malicieux. 4. des chenilles poilues et gentilles. 5. des petites araignées vertes. 6. une fourmi rouge et bleue.
2● Adjectifs épithètes : entier, beau, gracieuse, adorable, quelconque, gluantes. Adjectifs attributs : mou, flasque, gélatineux, immondes.
3● *Il faut souligner :* 1. solitaire, méprisée. 2. Fatiguée, écœurée, découragée. 3. confus.
4● *Par exemple :* 1. intelligent. 2. poli. 3. distants. 4. moqueur. 5. triste.
5● *Adjectifs épithètes :* somptueux, moindre. *Adjectifs attributs :* beau, belle. *Adjectif mis en apposition :* Ravie.

12 Reconnaître la fonction attribut du sujet (p. 28)

1● 1. [est] – un petit garçon de dix ans. 2. [étais] – un monstre. 3. [a l'air] – idiot. 4. [est] – radio. 5. [était] – trop grand.
2● 1. grands, détectives privés. 2. mignonne. 3. une chanteuse célèbre. 4. avoir mauvais caractère.
3● 1. Il deviendra un astronaute célèbre. (attribut) – Il a vu un astronaute célèbre. (COD) – 2. Je connais une danseuse étoile. (COD) Ma sœur est une danseuse étoile. (attribut) – 3. Nous resterons de bons amis. (attribut) – Ils inviteront de bons amis. (COD) 4. Dans sa jeunesse, elle a été pilote de course. (attribut) – Elle aime un pilote de course. (COD)
4● 1. Ce garçon est impertinent. 2. Le monstre velu semble (très) gentil. 3. Je suis surdoué. 4. Ce livre est (très) intéressant.
5● 1. jeune et jolie. 2. douces et mélodieuses. 3. inoffensif. 4. malade.

13 Reconnaître le complément d'objet direct (p. 30)

1● *Par exemple :* 1. Il lit tranquillement. 2. Tout à coup, elle aperçoit un lapin. 3. *Ce n'est pas un verbe transitif.* 4. Finalement, elle obtint le premier prix. 5. *Ce n'est pas un verbe transitif.*
2● *Fais vérifier par un adulte.*
3● 1. Le poste de télévision, l'électricien le répare. 2. Les dessins animés, je ne les rate jamais. 3. « La télévision, vendons-la ! » propose papa.
4● 1. Il dit qu'il connaît cet acteur de télévision. 2. Nous reconnaissons que nous l'avons regardée. 3. Il pense qu'il ira à la Maison de la Radio dimanche prochain.
5● 1. Il suppose qu'ils ne sont pas rentrés de l'école. 2. Je crois que l'électricien n'est pas encore arrivé.

14 Reconnaître le complément d'objet indirect (p. 32)

1● *Tu dois introduire les COI par les prépositions suivantes :* 1. à, 2. de, 3. à *ou* de, 4. à, 5. de. *Fais vérifier par un adulte.*
2● 1. À l'hôpital (CC), aux médecins (COI). 2. Dans la salle d'attente (CC), de la pluie et du beau temps (COI). 3. souvent (CC), aux malades (COI). 4. déjà (CC), à la philosophie (COI), à cinq ans (CC).
3● *Fais vérifier par un adulte.*
4● 1. Je m'en suis rendu compte. 2. Nous leur demanderons des lunettes. 3. Grand-père lui raconte des histoires.
5● 1. les (COD), lui (COI). 2. vous (COD), leur (COI). 3. l'(COD). 4. en (COI).

15 Reconnaître les compléments circonstanciels (p. 34)

1● 1. À l'aide d'un canif bien aiguisé (CC de moyen) ; patiemment (CC manière). 2. au galop (CC de manière) ; dans un bouquet d'arbres (CC de lieu). 3. sur nos visages (CC de lieu) ; avec le rouge à lèvres de sa mère (CC de moyen). 4. À cause de sa splendide coiffure de plumes (CC de cause) ; abondamment (CC de manière). 5. au tronc de l'arbre (CC de lieu) ; quand leurs parents les appelèrent pour dîner (CC de temps).
2● *Par exemple :* 1. La tribu se réunissait tous les mercredis dans le terrain vague. 2. Quand il revint de chez le coiffeur, le chef indien avait les cheveux rasés. 3. D'une voix farouche, il se mit à parler aux arbustes.

3 • *Fais vérifier par un adulte.*
4 • *GN :* dans la cour ; Dans sa boutique, dès l'aube ; contre le mur. *Adverbes :* Demain, patiemment ; Là, rageusement. *Proposition :* quand nous aurons fini nos devoirs.

16 Distinguer la nature et la fonction d'un mot (p. 36)

1 • ce (adjectif démonstratif) - à (préposition) - vers (préposition) - merveilleux (adjectif qualificatif) - merveille (nom) - celui-ci (pronom démonstratif) - merveilleusement (adverbe) - une (article indéfini) - manger (verbe) - pitié (nom) - la (article défini) - beau (adjectif qualificatif).
2 • *Par exemple :* gentiment (adv.) ; gentil (adj.) ; la gentillesse (n.) - habile (adj.) ; l'habileté (n.) ; habilement (adv.) - ignorer (v.) ; ignorant (adj.) ; l'ignorance (n.) - calme (adj.) ; le calme (n.) ; calmer (v.) - le sommeil (n.) ; sommeiller (v.) ; ensommeillé (adj.) - méchant (adj.) ; la méchanceté (n) ; méchamment (adv.).
3 • 1. La maîtresse (sujet) ; la maîtresse (COD). 2. Le nouvel élève (sujet) ; du nouvel élève (COI). 3. Djodjo (sujet) ; Djodjo (COD).
4 • 1. des cheveux rouges (déterminant + nom + adjectif). 2. le (pronom). 3. du chocolat (déterminant + nom). 4. Georges (nom propre).
5 • 1. sujet ; camarade : nom. 2. attribut du sujet ; bleus : adjectif qualificatif. 3. sujet ; maîtresse : nom.

17 Utiliser la voix passive (p. 38)

1 • *Tu dois souligner :* Ses dessins sont appréciés des enfants. M. Berthier a été très pris par son travail. M. Berthier est alarmé par des bruits dans la rue. Le livreur de *Pizza But* a été attaqué par une bande de garnements.
2 • 1. Les enfants du dessinateur ont été affamés par Filou et sa bande. 2. Les pizzas au fromage sont appréciées par les enfants. 3. Le portrait du chef de la bande a été fait par M. Berthier.
3 • 1. M. Berthier retrouve la boîte de pizza dans la rue. 2. Le livreur de *Pizza But* a abandonné le scooter. 3. Cet incident a traumatisé tout le quartier. 4. Les agents n'ont pas rattrapé Filou et sa bande.
4 • 1. L'identité des voleurs est ignorée. 2. Dans le quartier, de nombreux vols sont déplorés. 3. Le livreur a été réconforté. 4. Les chats ont été chassés.
5 • *Fais vérifier par un adulte.*

18 Accorder le sujet et le verbe (p. 40)

1 • 1. trouva. 2. se mit. 3. fixa ; rentra.
2 • 1. vous, entendez. 2. nous attendons. 3. vous interrogez ; nous filons.
3 • 1. Bill et ses amis célèbrent… 2. L'ordinateur et le robot sont insensibles… 3. Un neutraliseur à longue portée et un lance-roquettes constituent des armes redoutables.
4 • 1. sortaient. 2. faisaient. 3. avaient. 4. observaient.
5 • 1. des agents - ont. 2. un signal - troue. 3. les robots - répondent.

19 Accorder le participe passé (p. 42)

1 • 1. descendus. 2. allés. 3. fâchée, partie. 5. surprise.
2 • partis, levé, commencé, continué, produite, passé, retrouvés.
3 • *Par exemple :* 1. devenues. 2. arrivés. 3. partis. 4. arrivé. 5. formé.
4 • 1. l'ont vu. 2. l'ont appelée. 3. les ont cherchées. 4. les aurait-il dévorées.
5 • *Verbes sans COD :* a chaviré. *Verbes avec COD placé après :* a envoyé. *Verbes avec COD placé avant :* ai vue ; ont alertée ; ont déposés.

20 Accorder les déterminants et les adjectifs avec le nom – Former le pluriel des noms (p. 44)

1 • étrange - Inquiet - vertes - énorme - noire.
2 • *Tous les accords se font au masculin pluriel. Fais vérifier par un adulte.*
3 • tous les fermiers/le fermier - leurs tracteurs/leur tracteur - leurs pelleteuses/leur pelleteuse - leurs charrues/leur charrue - leurs herses/leur herse - les fermes avoisinantes/la ferme avoisinante - tous les véhicules/le véhicule - les outils en fer/l'outil en fer - des morceaux de ferraille déchiquetés, réduits en

bouillie/un morceau de ferraille déchiqueté, réduit en bouillie.
4 ● kilomètres, verrous, portes, boîtes, poubelles, tracteurs, voitures, peupliers.
5 ● des nœuds - des feux - les cœurs - des yeux - des lieux - des bleus - les cheveux - des œufs, - les jeux - des pneus - des pieux - des bœufs.

21 Former le pluriel des adjectifs – Écrire des adjectifs numéraux (p. 46)

1 ● des échafaudages bancals - de vieux chandails troués - de curieux képis français - des exercices faux et incomplets.
2 ● 1. gros, gris, vieux. 2. Effrayées, immondes, furtifs. 3. bavardes, intelligentes. 4. originaux, longs, verticaux, horizontaux, noirs.
3 ● des rats gris - des chaussures marron - des canapés orange et violets - des eaux turquoise - des pulls bleu outremer.
4 ● vingt-trois - quinze - deux cents - quatre-vingts - quatre mille huit cent sept - deux cent vingt-cinq.
5 ● 1. dix-huit, violets, cinquante-trois, mauves. 2. somptueuse, vert pomme.
3. dix-huit mille deux cent quatre-vingts. 4. deux cent vingt-sept, roses, quatre-vingts, orange.

22 Distinguer la/l'a/là ; même/même(s) (p. 48)

1 ● 1. l'a. 2. là, la. 3. l'a. 4. là.
2 ● 1. La fin du film, mon oncle nous l'a déjà racontée avant-hier. 2. Elle a trouvé la lettre sous la porte et elle l'a lue. 3. L'a-t-il aperçu par la fenêtre ? 4. Cette chanson, Jules l'a apprise quand il était petit. 5. Maman a fait un bon gâteau mais le chat l'a entamé.
3 ● 1. la, là, la, la. 2. l'a, la. 3. la, la, là, la. 4. l'a, l'a, là, la. 5. la, la, la.
4 ● 1. les mêmes choses. 2. *Même* 3. les mêmes chaussures. 4. les mêmes bêtises. 5. *même*
5 ● 1. même. 2. mêmes. 3. même. 4. mêmes. 5. mêmes. 6. même.

23 Distinguer près/prêt ; leur/leurs (p. 50)

1 ● 1. Je suis près du but. 2. Je suis prêt à sortir. 3. Je suis près de la falaise. 4. Je suis prêt pour l'examen.
2 ● 1. Elle est prête… ; Ils sont prêts… 2. Elle marche près… ; Ils marchent près… 3. Elle t'attend près… ; Ils t'attendent près… 4. Elle est prête… ; Ils sont prêts… 5. Elle est prête… ; Ils sont prêts…
3 ● 1. près. 2. prêts. 3. prête. 4. prêt(e)s. 5. près. 6. Près. 7. prêt. 8. prêtes.
4 ● 1. Les gentils bouchers saluent leurs clients. 2. Les robots ont perdu leurs ressorts et leurs boulons. 3. Ces enfants cherchent leurs lunettes. 4. Les chimpanzés dégustent leur banane. 5. Ils enlèvent leur chapeau pour parler à la crémière.
5 ● 1. leur. 2. leur. 3. leurs. 4. leur. 5. leur. 6. leur, leurs.

24 Distinguer quand/quant/qu'en ; quel/quelle/qu'elle (p. 52)

1 ● 1. À quel moment. 2. En ce qui concerne (les). 3. lorsqu'(il). 4. à quel moment. 5. En ce qui concerne (les). 6. À quel moment. 7. à quel moment.
2 ● 1. qu'en. 2. Quant. 3. quand, quant. 4. Quand. 5. qu'en. 6. Quant. 7. Qu'en.
3 ● 1. Quelle. 2. Quelles. 3. Quel. 4. Quels. 5. quelle. 6. quel. 7. quelle.
4 ● 1. qu'elles. 2. qu'elle, qu'elle. 3. quelle. 4. Quelle. 5. Quels. 6. qu'elle. 7. quelle. 8. qu'elle. 9. Quelle. 10. Quelle. 11. qu'elles.

25 Écrire le début des mots (p. 54)

1 ● affoler, effrayer, offenser, afficher, effaroucher, effeuiller, affronter, affamer, affiner, offrir.
2 ● 1. agglutinés. 2. Adieu, admiration, agressif. 3. adorable, administratrice, aguiche, agriculteur. 4. addition, agronome, agonisant. 5. agglomération, adjudant, agressé, adversaire. 6. Advienne, adolescent, aguerri.
3 ● 1. amande. 2. amende. 3. ambidextre. 4. amarres.
4 ● 1. illustre, illustrateur, illisible. 2. ironie, iranien, irrite. 3. illusionniste, illuminé, île. 4. illégal, Iroquois, irascible. 5. Irlandais, illettré, irréalisables.
5 ● illisible ; irrespirable ; illimité ; irréfléchi ; irrégulier ; irréalisable ; illogique ; irrationnel ; irrésolu ; irresponsable ; illégal ; illégitime.

26 Écrire la fin des mots en -ail, -eil, -euil (p. 56)

1● 1. la volaille. 2. le portail. 3. un éventail. 4. le gouvernail. 5. une écaille.
2● 1. groseille. 2. sommeil, réveil. 3. orteil, abeille. 4. conseil, soleil. 5. merveille, appareil.
3● cercueil – ferraille – chevreuil – accueil – médaille – détail – fauteuil – écureuil – chèvrefeuille – maille – travail – paille – treille – mille-feuille – orgueil – émail – bétail – éveil – corbeille – corneille – trouvaille – oreille – tenaille – soleil.
4● treuil, cerfeuil, deuil, feuille, seuil, portefeuille.

27 Écrire la fin des mots en -ée, -tié, -té (p. 58)

1● 1. journée, gorgées. 2. purée, pincée. 3. araignée, enjambées. 4. randonnée, quantité, poignées, gelée. 5. année, tournée.
2● rangée – rentrée – pincée – chevauchée – allée – entrée – assemblée – couvée – traversée – fumée – traînée – gelée.
3● bonté – beauté – loyauté – méchanceté – fidélité – absurdité – brutalité – sensibilité – intrépidité – gaieté – habileté – générosité.
4● 1. la dictée. 2. la jetée. 3. la montée. 4. l'hospitalité.
5● 1. bijoutier, charcutier, cocotiers. 2. métiers. 3. potiers, sentiers. 4. quartier, chantier. 5. boîtiers, moitié.
6● la beauté – la percée – la vallée – la pitié – la tétée – la dictée.

28 Écrire la fin des mots en -tion, -eur, -ie (p. 60)

1● *Lettre c :* friction, sanction, fonction ; *lettre p :* adoption ; *lettre a :* sensation, initiation, éducation, alimentation ; *lettre i :* abolition, addition.
2● 1. passion. 2. mission. 3. compassion. 4. station, hésitation.
3● laideur – pâleur – rougeur – largeur – douceur – longueur – fureur – rigueur – tiédeur.
4● explorateur, voyageur, navigateur, dessinateur, joueur.
5● 1. beurre. 2. humeur. 3. frayeur, cœur. 4. liqueur, couleur. 5. demeure, splendeur.
6● 1. la <u>fourmi</u>. 2. l'insomnie. 3. la <u>brebis</u>.

29 Analyser un verbe (1) (p. 62)

1● 1. fin/issent (finir). 2. interrog/ent (interroger). 3. <u>all/ions</u> (aller). 4. mang/e (manger). 5. fin/it (finir). 6. fin/is (finir).
2● 1. Nous avons berné… 2. Je recherchais… 3. Vous vous moquez… 4. Ils avaient trop mangé.
3● 1. Il a besoin… 2. Elle serait sûrement bien meilleure s'il l'engraissait… 3. Pendant qu'il ira faire les courses, elle essaiera…
4● <u>a été attrapée</u> : passé composé de la voix passive ; <u>sera rôtie/servie</u> : futur simple de la voix passive.
5● <u>se mit</u> : se mettre ; <u>se lamenta</u> : se lamenter ; <u>m'imaginais</u> : s'imaginer ; <u>te plaindre</u> : se plaindre.

30 Analyser un verbe (2) : les modes, les temps, les groupes (p. 64)

1● peut (indicatif), aimiez (subjonctif), est (indicatif), ignore (indicatif), est (indicatif), jure (indicatif), Voyons (impératif), soyez (impératif), veuillez (impératif), vais (indicatif), passe (indicatif), a (indicatif).
2● *Il faut utiliser les modes :* 1. subjonctif ; 2. conditionnel ; 3. impératif ; 4. indicatif. *Fais vérifier les phrases par un adulte.*
3● *Temps simples :* est (indicatif), fait (indicatif), fasse (subjonctif), s'écria (indicatif), porte (subjonctif), parlons (impératif), faut (indicatif), se passe (subjonctif), convenait (indicatif), permettez (impératif). *Temps composés :* avez apprécié (indicatif).
4● *1er groupe :* se cacher, dérober, passer, lancer, commencer, fourrer, saler. *2e groupe :* choisir, finir. *3e groupe :* s'enfuir, bouillir, sortir, servir.

31 Écrire les verbes au présent de l'indicatif (p. 66)

1● 1. entends. 2. perd, pond. 3. vends. 4. apprends. 5. descend, se prend.
2● 1. Je contrains, tu contrains, il contraint. 2. Je plains, tu plains, il plaint. 3. Je me teins, tu te teins, il se teint.

3● 1. repeins. 2. tonds. 3. tords, mord. 4. surprends. 5. craint. 6. teint.
4● 1. paraîtra. 2. connaîtrons. 3. reconnaîtrez. 4. apparaîtra. 5. croîtra.

32 Reconnaître les terminaisons des verbes (p. 68)

1● *Imparfait :* roucoulait, devait. *Passé simple :* enfourchai, filai, garai, toquai.
2● Il enfourcha la mobylette et fila droit… Il gara sa mobylette…, il toqua aux volets clos…
3● 1. effectuai. 2. roulais, effrayais. 3. décidai.
4● 1. irais. 2. prendrai, descendrai. 3. aimerais.
5● 1. croyez (2e personne du pluriel). 2. bois (2e personne du singulier). 3. comptez (2e personne du pluriel).

33 Employer le présent, le passé composé, le passé simple, l'imparfait (p. 70)

1● voit, crie, lutte, comprend, a, pousse, se trompe, tente, est.
2● *Action qui se déroule au moment où l'on parle :* écoute. *Action habituelle :* pose, obtiens. *Vérité générale :* est, nage, sert, faut.
3● a décollé, est tombé, a décidé, jouxte (non modifié car vérité générale).
4● arriva, frappa, est (exprime une vérité générale), cria, voulez (discours direct), veux (discours direct), expliqua, suis (discours direct).

34 Employer le plus-que-parfait, le futur (p. 72)

1● 1. avaient réussi. 2. avait dit. 3. avait su. 4. avait bougé.
2● 1. avait entendu. 2. avaient tiré. 3. s'étaient endormis.
3● *Fais vérifier par un adulte.*
4● 1. laisseront. 2. chercheront. 3. iront. 4. se mettront.
5● 1. vont sortir. 2. vais avoir. 3. va soigner, va guérir.

35 Employer le subjonctif et le conditionnel (p. 74)

1● qu'il réponde (répondre), qu'il dise (dire), qu'il obéisse (obéir).
2● 1. (prend) indicatif présent. 2. (prenne) subjonctif présent. 3. (prend) indicatif présent. 4. (prenne) subjonctif présent.
3● 1. Il faut que l'ordinateur soit facile à manipuler. 2. Il faut qu'il ne fatigue pas les yeux. 3. Il faut qu'il possède un grand écran. 4. Il faut qu'il ait un lecteur de CD-ROM.
4● *Fais vérifier les phrases par un adulte.*
5● 1. faudrait. 2. devriez. 3. serait.

36 Utiliser un dictionnaire (p. 76)

1● biologie – entomologie – éthologie – philologie – psychologie.
2● Le suffixe « -logie » signifie « science de ».
3● mouche : nom féminin ; moucheté, ée : adjectif ; il : pronom personnel ; moucher : verbe transitif ; monstrueusement : adverbe ; notre : adjectif possessif.
4● a. un dans le registre courant et deux dans le registre familier. b. nature : nom ; genre : masculin. c. Les phrases en italique sont des exemples. d. *Par exemple :* Yvon, tu nous as dénoncés, tu es un cafard.
5● 1. Faux, c'est un balcon fermé par une grille. 2. Vrai. 3. Faux, c'est une charrue.
6● 1. Café vient de l'arabe *qahwa*. 2. Suspecter vient du latin *suspicere*. 3. Loto vient de l'italien *lotto*. 4. Paroi vient du latin *paries*.

37 Reconnaître les différents sens d'un mot (p. 78)

1● 1. café. 2. prendre. 3. dure. 4. opérations.
2● *Par exemple :* 1. Il fera beau temps demain. 2. Sa peau est très douce. 3. La pointe de mon crayon est cassée.
3● parole : langage, promesse ; caisse : endroit où on paie, boîte ; but : cage, au football, objectif.
4● *Il faut souligner :* 1. attraper un rhume. 2. faire chanter quelqu'un. 3. être plongé dans ses pensées. 4. peser ses mots.

5• *Par exemple :* donner un coup de main, avoir le cœur sur la main, passer la main ; ne pas pouvoir mettre un pied devant l'autre, mettre les pieds dans le plat, se lever du bon pied.
6• 1. avoir de la peine. 2. dégoûter. 3. être généreux. 4. prendre un air faussement aimable. 5. un séducteur. *Par exemple :* Il n'avait pas le cœur à travailler. Un coup de cœur.

38 Employer des synonymes (p. 80)

1• 1. appréhension, frayeur, épouvante. 2. irritation, souffrance, supplice. 3. poli, affable, cérémonieux.
2• *Il faut barrer :* a. oripeau. b. panoplie.
3• Bonjour, ça va ?, prétentieux, paresseux, cette femme, agresser, voyous.
4• a. boulot (familier), travail (courant), profession (soutenu). b. tchatcheur (familier), bavard (courant), volubile (soutenu). c. bouquin (familier), livre (courant), volume (soutenu).
5• 1. carapaté. 2. grand. 3. lunettes. 4. oublié.
6• *Par exemple :* 1. Sur ces entrefaites, je me suis assoupi. 2. Aurais-tu l'obligeance de me confier ta bicyclette ? 3. Veuillez évacuer cette demeure sinon je risque de m'irriter.

39 Employer des antonymes (p. 82)

1• Dedans, dehors : adverbes. Sous, sur : prépositions. Minuscule, immense : adjectifs. Bruyamment, silencieusement : adverbes. Large, étroit : adjectifs. Un ami, un ennemi : noms.
2• *Par exemple :* grossier - silencieux - connaître - doucement - la présence - repousser - agrandir - différent - échouer.
3• déraisonnable - déréglementer - inapproprié - dérégler - l'impartialité - dévoiler.
4• a. important. b. malgache.
5• *Par exemple :* bonsoir, parler, grave, jeune, question, non, monsieur, habituelle, mentit, content, Bonsoir, agité, un garçon, normale, s'éveille.
6• *Par exemple :* 1. Maman m'a puni… 2. il se mit à rire… 3. Je déshabillai, la neige noire.

40 Employer des homonymes (p. 84)

1• 1. fin, la fin. 2. la voile, le voile. 3. le cousin. 4. la pêche.
2• 1. hoquet, hockey. 2. laque, lac. 3. point, poing.
3• 1. golf, golfe. 2. poêle, poil. 3. mots, maux. 4. grâce, grasses.
4• le taon - un cygne - un paon - le porc - un cerf - le pou - une cane - un ver - un renne.
5• 1. amende. 2. teint. 3. pause, pose.
6• *Par exemple :* la pousse, le pouce - le conte, le compte - le cours, la cour - la colle, le col - le vin - une aire, un air - le faîte, la fête - du thym, le teint - la pause, la pose - le temps, le taon - le paon, le pan - un repaire.

41 Identifier les familles de mots– Reconnaître les préfixes et les suffixes (p. 86)

1• ensoleillé, solaire, soleil, solstice - solide, solidification, consolider, solidité - litière, literie, alité - laid, enlaidir, laideur, laideron.
2• joli - petit - grand - mince - lent - plat - court - long - mince.
3• a. mental ; *radicaux :* -mens, -ment. b. un procès ; *radicaux :* -proch, -prox. c. la mémère ; *radical :* mém.
4• a. pré- (devant, en avant), pression. b. sur- (au-dessus, excès), surdité. c. bi- (deux), bicoque.
5• vant/ard - publi/able - plaint/if - mange/able - vis/ible - malad/if - lis/ible - traîn/ard - imagin/able - pouss/if - aim/able - craint/if.
6• a.- *et* ou *-ette* : diminutif. maisonnette, camionnette, coussinet, statuette, clochette, garçonnet.
b. *-ation :* action de. circulation, déclaration, déformation, imagination, réparation, fabrication.

3 Relève les GN au pluriel et mets-les au singulier.

Le lendemain matin, tous les fermiers de la région étaient furieux. Où étaient leurs tracteurs ? Leurs pelleteuses ? Leurs charrues ? Et leurs herses ? Dans les fermes avoisinantes, on avait volé tous les véhicules et les outils en fer. [...] Un peu partout, on avait trouvé des morceaux de ferraille déchiquetés, réduits en bouillie.

D'après *Le Géant de fer.*

....

....

....

..../ 9

4 Repère tous les noms au pluriel et souligne la marque de leur pluriel.

Après avoir passé une nuit et un jour à dévorer des kilomètres de fil de fer, les verrous des portes métalliques, les boîtes de fer trouvées dans les poubelles, trois tracteurs neufs, deux voitures et un camion, l'homme de fer se reposait maintenant au beau milieu d'un petit bois de peupliers.

D'après *Le Géant de fer.*

..../ 8

5 Écris ces noms au pluriel et souligne ceux dont la prononciation change.

un nœud :	un feu :	le cœur : ....
un œil :	un lieu :	un bleu : ....
le cheveu :	un œuf :	le jeu : ....
un pneu :	un pieu :	un bœuf : ....

..../ 12

6 Dictée

Le lendemain, la chose atterrit en Australie. BOUM ! Le choc ébranla le globe comme un véritable tremblement de terre : à Londres, tous les services à thé se mirent à trembler ; en Californie, les tableaux se décrochèrent des murs ; et en Russie, les statues tombèrent de leurs piédestaux. La chose, c'était un terrible dragon ! Chacun de ses yeux était aussi grand que la Suisse !

D'après *Le Géant de fer.*

21 Former le pluriel des adjectifs
Écrire les adjectifs numéraux

ORTHOGRAPHE GRAMMATICALE

Lis avant de commencer

- En général, l'adjectif prend un s au pluriel et s'accorde avec le nom qu'il qualifie. *des diagnostics lucides*
- Les adjectifs de couleur forment leur pluriel selon des règles particulières. Lorsque la couleur est désignée par un adjectif composé, un nom de fruit, de fleur ou de pierre précieuse, celui-ci reste invariable. *une jupe bleu turquoise, des crayons orange.* Sauf : *rose, mauve.*
- Les adjectifs numéraux cardinaux sont invariables, sauf vingt et cent quand ils sont multipliés et ne sont pas suivis d'un autre adjectif numéral. *quatre-vingt-deux, quatre-vingts.*
- On met un trait d'union dans les adjectifs numéraux cardinaux composés, si chacun des deux éléments est inférieur à cent et si ces éléments ne sont pas reliés par et. *deux cent vingt-sept ; vingt et un ; trente-six.*

Pour en savoir plus, consulte Bescherelle école.

1 Écris au pluriel.

un échafaudage bancal : ....

un vieux chandail troué : ....

un curieux képi français : ....

un exercice faux et incomplet : ....

..../ 4

2 Accorde les adjectifs.

1. De *(gros)* .... chats *(gris)* .... rôdent sur les *(vieux)* .... toits de tuiles. 2. *(Effrayé)* .... , les deux créatures *(immonde)* .... se mirent à reculer à pas *(furtif)* .... 3. Des balances *(bavard)* .... et *(intelligent)* ...., on n'a jamais vu ça ! 4. Ses dessins sont *(original)* .... : de *(long)* .... traits *(vertical)* .... et *(horizontal)* .... sur des fonds *(noir)* ....

..../ 13

3 Écris au pluriel.

un rat gris : ....

une chaussure marron : ....

un canapé orange et violet : ....

une eau turquoise : ....

un pull bleu outremer : ....

..../ 5

4 Écris les nombres en lettres.

25 ➜ vingt-cinq	31 ➜ trente et un
23 :	15 : ....
200 :	80 : ....
4 807 :	225 : ....

..../ 6

5 Accorde les adjectifs entre parenthèses et écris les nombres en lettres.

1. M. Dédé a vendu 18 (..........................) parapluies (violet) (..........................) et 53 (.......................................) écharpes (mauve) (.......................................).

2. Il t'attendra dans sa (somptueux) (..) voiture de sport (vert pomme) (..).

3. Depuis le CE1, il a dû copier 18 280 (...) lignes à cause de ses bavardages !

4. Il lui offre 227 (.......................................) œillets (rose) (..............................) et 80 (...................................) dahlias (orange) (...................................).

..../ 11

6 Dictée

Tandis que Papa prend les billets pour un trou perdu du Gâtinais ou du Perche (régions qui dessinent d'affreuses taches vertes sur les cartes), je pense à mes copains. Ils savourent une grasse matinée, le nez dans des B.D. japonaises dont les héros cassent tout, en poussant des Argh ! qui dégagent bien les poumons. Leurs mains transportent jusqu'à leurs bouches de pleines poignées de céréales au chocolat… Scrotch !

D'après *J'aime pas la nature.*

22 Distinguer la/l'a/là ; même/même(s)

ORTHOGRAPHE GRAMMATICALE

Lis avant de commencer

- La est un article ou un pronom personnel.
  L'a est le pronom personnel l' suivi du verbe ou de l'auxiliaire avoir.
  On peut remplacer là, adverbe de lieu, par ici.
  Pour distinguer l'a, la et là, on peut mettre le verbe *avoir* à l'imparfait : l'a devient l'avait.
  ***La** lettre, il **l'a** (avait) posée **là** (ici).*
- L'adverbe même est invariable. Il signifie : *aussi, de plus, encore plus.*
  L'adjectif même s'accorde en nombre avec le nom qu'il détermine.
  ***Même** séparés de centaines de kilomètres, leurs gestes étaient **les mêmes**.*

Pour en savoir plus, consulte Bescherelle école.

1 Choisis la, l'a ou là.

1. Ce film, il ne .... pas encore vu. 2. Reste ...., ne bouge pas de .... voiture. 3. Il .... vu, puis il a souri. 4. Asseyez-vous ...., la coiffeuse va s'occuper de vous.

...../ 5

2 Recopie les phrases en mettant les verbes au passé composé.

1. La fin du film, mon oncle Arthur nous l'avait déjà racontée avant-hier.

....

2. Elle aura trouvé la lettre sous la porte et elle l'aura lue.

....

3. L'avait-il aperçu par la fenêtre ?

....

4. Cette chanson, Jules l'avait apprise quand il était petit.

....

5. Maman avait fait un bon gâteau mais le chat l'avait entamé.

....

...../ 5

3 Complète.

1. Ne .... dérangez pas, elle s'est enfermée .... pour continuer tranquillement .... lecture de .... revue.
2. M. Berthier .... reconnu, son voleur de pizza, à .... laverie du quartier !
3. Regardez-.... , ... belle Mimi, elle va rester .... toute .... journée !
4. Quand il .... vu, il .... dévisagé et s'est enfui par .... , dans .... ruelle.
5. Prête-....-moi, ... cassette de Billy King, je te .... rendrai demain.

..../ 17

4 Souligne le nom déterminé par l'adjectif même et accorde celui-ci. Encadre l'adverbe même.

1. Tous les jours, Paul répétait inlassablement les *même....* choses.
2. *Même....* si tu n'en as pas envie, tu dois aller à l'école.
3. Gudule a les *même....* chaussures de sport que Timothée.
4. Quand il était enfant, il faisait les *même....* bêtises que nous.
5. Les livreurs de Pizza But ne se déplacent *même....* plus dans le quartier de M. Berthier.

..../ 5

5 Accorde même lorsque c'est nécessaire.

1. *Même....* ses amis ne le comprennent plus.
2. J'aime que grand-père me raconte toujours les *même....* histoires.
3. Tous les animaux sont arrivés, *même....* les chimpanzés.
4. Nous avons les *même....* goûts.
5. Nous regardons les *même...* émissions de télévision.
6. Il n'a *même...* pas pu se lever ce matin.

..../ 6

6 Dictée

« Tu ne vas quand même pas me dire que tu as vu le géant de fer ! » me dit Erwan. Il ne veut pas me croire. Bien sûr, il ne l'a pas vu, lui ! J'ai beau lui assurer qu'il était bien là, à quelques mètres au-dessus de moi, Erwan ne veut rien savoir ! Et pourtant, j'ai bien vu le même géant avec les mêmes yeux terrifiants que d'habitude...

23 Distinguer près/prêt ; leur/leurs

ORTHOGRAPHE GRAMMATICALE

Lis avant de commencer

- Près est une préposition qui introduit le lieu et reste invariable.
  Prêt est un adjectif qui s'accorde en genre et en nombre avec le nom qu'il qualifie.
  ***Prêt** (prête) depuis un quart d'heure, il (elle) se tenait **près** de la porte.*
- Leur (adjectif possessif) s'accorde en nombre : il s'écrit leurs lorsqu'il se trouve devant un nom au pluriel.
  Leur (pronom) reste invariable quand il se trouve devant un verbe.
  *Ils **leur** donnent **leurs** jouets.*

Pour en savoir plus, consulte Bescherelle école.

1 Conjugue au présent de l'indicatif à la première personne du singulier.

1. être près du but : ....

2. être prêt à sortir : ....

3. être près de la falaise : ....

4. être prêt pour l'examen : ....

...../ 4

2 Remplace je par elle puis par ils. Fais les transformations nécessaires.

1. Je suis prêt à partir.

....

2. Je marche près de la rivière.

....

3. Je t'attends près de la poste.

....

4. Je suis prêt à parier mon beau stylo neuf.

....

5. Je suis prêt pour mon examen.

....

...../ 10

3 Complète par près ou prêt et fais les accords nécessaires.

1. Le géant s'est approché trop .... de la falaise, il est tombé. 2. Léon et moi sommes .... à nous marier. 3. Patience ! Mon amie sera .... dans un quart d'heure. 4. Êtes-vous .... pour le contrôle de mathématiques ? 5. Viens plus .... , que j'admire ta nouvelle coupe de cheveux ! 6. .... de l'étang, on peut voir des cerfs. 7. Jules est .... à affronter la pluie. 8. Amélie et sa sœur sont .... depuis un quart d'heure.

..../ 8

4 Écris les sujets au pluriel et fais les transformations nécessaires.

1. Le gentil boucher salue ses clients.

....

2. Le robot a perdu ses ressorts et ses boulons.

....

3. Cet enfant cherche ses lunettes.

....

4. Le chimpanzé déguste sa banane.

....

5. Il enlève son chapeau pour parler à la crémière.

....

..../ 5

5 Complète par leur ou leurs.

1. Surtout ne .... dites rien, c'est une surprise ! 2. Peux-tu .... raconter l'histoire du Petit Chaperon rouge ? 3. Delphine et Marinette mettent .... coudes sur la table. 4. Ouvre-.......... la porte. 5. Connaissez-vous .... petit chien ? 6. Elles hésitent à .... confier .... secrets.

..../ 7

6 Dictée

M. Ruiz vient chez mes voisins tous les jours, il leur apprend l'espagnol. Ils seront bientôt prêts pour partir en Colombie avec leurs enfants. Le père a trouvé un travail là-bas dans une petite ville près de la capitale. Ils sont très impatients à l'idée de leur départ. Leurs bagages sont déjà prêts.

24 Distinguer quand/quant/qu'en ; quel/quelle/qu'elle

ORTHOGRAPHE GRAMMATICALE

Lis avant de commencer

- On écrit quand si on peut le remplacer par lorsque ou à quel moment.
  On écrit quant (à) si on peut le remplacer par en ce qui concerne.
  Qu'en se compose de la conjonction que et du pronom en.
  __Quant à__ (En ce qui concerne) Odilon, je me demande __quand__ (à quel moment) il reviendra. __Qu'en__ penses-tu ?
- On écrit quel(s) ou quelle(s) devant un nom. *Quel* s'accorde avec ce nom.
  On écrit qu'elle(s) quand on peut le remplacer par qu'il(s).
  Elle (Il) dit __qu'elle__ (qu'il) a fait du trapèze. __Quelle__ (quel) menteuse (menteur) !

Pour en savoir plus, consulte Bescherelle école.

1 **Récris les phrases en remplaçant les mots en italique par lorsque, à quel moment ou en ce qui concerne.**

Quant à Mouloud, il s'est enfui sans demander son reste.
→ **En ce qui concerne** Mouloud, il s'est enfui sans demander son reste.

1. *Quand* Odilon a-t-il aperçu le géant de fer ?

....

2. *Quant aux* hippopotames, ils étaient partis se baigner dans la rivière.

....

3. Il a arrêté son geste *quand* il m'a aperçu.

....

4. Il ne sait pas *quand* son robot sera réparé.

....

5. *Quant aux* étranges créatures, elles avaient disparu.

....

6. *Quand* as-tu fait ce rêve ?

....

7. Je me demande *quand* tu te décideras à réparer la voiture.

..../ 7

2 Complète par **quand**, **quant** ou **qu'en**.

1. Je ne sais .... penser. 2. .... à vous, ne bougez plus ! 3. Il se demande .... il pourra aller skier ; .... à moi, ce sera pour l'année prochaine. 4. .... comptez-vous réparer votre pneu ? 5. Ce n'est .... pratiquant l'espagnol que vous progresserez. 6. .... à mon oncle Jules, il est toujours aussi drôle. 7. .... dites-vous ?

..../ 8

3 Complète par **quel(s)** ou **quelle(s)**.

1. .... histoire vous a-t-il racontée ? 2. .... chaussures veux-tu acheter ? 3. .... chemin faut-il prendre ? 4. .... animaux a-t-il vus au zoo ? 5. À .... version des faits faut-il se fier ? 6. À .... match avez-vous assisté ? 7. De .... couleur est ton vélo ?

..../ 7

4 Complète par **qu'elle(s)**, **quel(s)** ou **quelle(s)**.

1. Je ne pense pas .... viennent lundi soir. 2. Le monstre .... a aperçu au coin de la rue s'est enfui en hurlant : il a eu plus peur .... 3. Il ne sait plus .... était la question. 4. .... excellente nouvelle ! 5. .... sont les enfants qui veulent jouer au football ? 6. J'ignorais .... parlait chinois ! 7. Je me demande .... tête il fera lorsqu'il te verra. 8. Pourvu .... ne soit pas en retard ! 9. .... bonne idée d'aller pique-niquer ! 10. .... mouche l'a piqué ? 11. Les chansons .... ont chantées à la fête de l'école ont été très appréciées.

..../ 12

5 Dictée

« Nous pourrions aller à la plage quand le soleil se montrera, qu'en dites-vous ? » proposa tante Angèle à Riri et Fifi. « Quelle bonne idée ! » dirent les fillettes ravies. « Alors, quel maillot vais-je mettre ? » demanda Fifi indécise. La fillette ne sait jamais quel vêtement choisir, quelle coquette !

25 Écrire le début des mots

ORTHOGRAPHE D'USAGE

Lis avant de commencer

- Les mots commençant par le son [af] s'écrivent le plus souvent aff-, sauf : *afin, africain, l'Afrique...*
- Les mots commençant par le son [ad], [ag] ou [am] s'écrivent le plus souvent : ad-, ag-, am-, sauf : *une addition, une agglomération, agglutiner, aggraver...*
- Les mots commençant par le son [il] ou [ir] s'écrivent le plus souvent ill- et irr-, sauf : *il, une île, iranien, irascible, un iris, irlandais, l'ironie, iroquois...*

Pour en savoir plus, consulte Bescherelle école.

1 Pour chacun des mots suivants, trouve un verbe de la même famille commençant par [af], [ef], [of].

fou : ....

une offense : ....

farouche : ....

le front : ....

fin : ....

la frayeur : ....

une affiche : ....

une feuille : ....

la faim : ....

une offre : ....

..../ 10

2 Complète par ad-, add-, ag- ou agg-.

1. Tous les passagers étaient ....lutinés aux fenêtres de l'autobus.
2. ....ieu, Gudule, tu ne mérites plus mon ....miration, tu es devenu beaucoup trop ....ressif ! 3. L'........orable ....ministratrice ....uiche l'........riculteur. 4. L'........ition, s'il vous plaît, demande l'........ronome ....onisant. 5. C'est l'........lomération dans laquelle l'........judant a ....ressé son ....versaire. 6. « ....vienne que pourra », dit l'........olescent ....uerri.

..../ 18

3 Trouve ces mots commençant par am-, d'après leur définition.

1. Graine salée qu'on déguste en apéritif *(6 lettres)* : ....
2. Homonyme du n° 1, mais beaucoup moins agréable *(6 lettres)* :
....
3. Peut faire la même chose de la main droite que de la main gauche *(10 lettres)* : ....
4. On les largue quand on veut sortir du port en bateau *(7 lettres)* :
....

...../ 4

4 Complète par il-, ill-, ir- ou irr-.

1. L'écriture de M. Berthier, l'.....ustre .....ustrateur, est .....isible. 2. L'.....onie de ton ami .....anien m'.....ite au plus haut point ! 3. L'.....usionniste .....uminé habite seul sur une .....e. 4. « C'est .....égal ! », s'écria l'.....oquois .....ascible. 5. L'.....landais .....ettré a des projets .....éalisables.

...../ 15

5 Forme des adjectifs de sens contraire en utilisant le préfixe ir- ou il-.

lisible :	respirable : ....
limité :	réfléchi : ....
régulier :	réalisable : ....
logique :	rationnel : ....
résolu :	responsable : ....
légal :	légitime : ....

...../ 12

6 Dictée

Mon cher Jules,

Je t'envoie cette carte postale d'Afrique où j'accompagne mon père qui est en voyage d'affaires. Le paysage est magnifique mais il fait une chaleur affreuse qui nous affaiblit un peu ! Les Africains que nous avons rencontrés sont charmants.

Affectueusement,

Fifine

26 Écrire la fin des mots en -ail, -eil, -euil

ORTHOGRAPHE D'USAGE

Lis avant de commencer

- On écrit :
  - souvent -ail à la fin des noms masculins, *un rail*.
  - toujours -aille à la fin des noms féminins, *une paille*.
- On écrit :
  -eil à la fin des noms masculins, *un réveil*.
  -eille à la fin des noms féminins, *une abeille*.
- On écrit :
  - souvent -euil à la fin des noms masculins, *un écureuil*.
  - toujours -euille à la fin des noms féminins, *une feuille*.
  Sauf : *le chèvrefeuille, un mille-feuille, un portefeuille*.
- Après un c ou un g, on doit écrire -ueil, *un écueil*.

Pour en savoir plus, consulte Bescherelle école.

1

Trouve ces mots terminés par -ail ou -aille d'après leur définition ; écris-les avec un article.

1. Je forme l'ensemble des oiseaux qu'on élève pour leur chair ou leurs œufs : ....

2. N'oubliez pas de me fermer sinon le n° 1 risque de s'échapper :

....

3. Je sers à produire un courant d'air : ....

4. Je sers à diriger les bateaux : ....

5. On me trouve sur le corps des poissons : ....

...../ 5

2

Complète par -eil ou -eille.

1. La confiture de gros.........., j'adore ça ! 2. M. Tartepaigne avait de gros soucis : il n'arriva à trouver le somm.......... que lorsque le rév.......... sonna. 3. Gudule n'a pas de chance : il s'est coincé le gros ort.......... sous une

porte et il s'est fait piquer par une ab.......... ! 4. Suis mon cons.........., ne reste pas trop au sol.......... . 5. Quelle merv.........., cet appar.......... : il fait mes devoirs très rapidement et sans fautes !

..../ 9

3 Complète les mots par -ail, -aille, -eil, -eille, -euil, -euille, -ueil.

un cerc..........................	la ferr............................	un chevr........................
un acc...........................	une méd........................	un dét............................
un faut...........................	un écur..........................	du chèvref......................
une m............................	le trav............................	la p...............................
une tr.............................	un mille-f.......................	l'org..............................
l'ém...............................	le bét............................	l'év...............................
une corb........................	une corn........................	une trouv.......................
une or...........................	une ten.........................	le sol.......................... .

..../ 24

4 Trouve horizontalement et verticalement les six mots terminés par -euil ou -euille. Entoure-les.

A	C	L	P	O	C	X	F	D	I	Q	Z
U	X	T	S	C	J	D	E	L	L	U	S
P	O	R	T	E	F	E	U	I	L	L	E
X	O	E	S	R	H	U	I	U	A	F	U
A	S	U	K	F	X	I	L	E	L	N	I
S	X	I	U	E	Y	L	L	O	V	J	L
Z	S	L	J	U	P	S	E	A	X	U	E
S	G	U	A	I	S	U	A	K	J	L	I
X	O	S	L	L	I	S	A	F	O	A	S

..../ 6

5 Dictée

1. Je voulais m'offrir un mille-feuille, malheureusement, j'avais oublié mon portefeuille. 2. Ce vitrail est une vraie merveille. 3. Tranquillement installée dans son fauteuil, ma tante lisait un recueil de nouvelles. 4. J'ai fait une trouvaille dans la paille : un bracelet de vermeil !

27 Écrire la fin des mots en -ée, -tié, -té

ORTHOGRAPHE D'USAGE

Lis avant de commencer

- Tous les noms féminins terminés par le son [e], mais non pas par [te] ou [tje], s'écrivent toujours -ée, *une année*. Sauf : *la clé*.
- Presque tous les noms terminés par le son [te] s'écrivent -té, *l'été*
  Sauf : les noms indiquant un contenu *(l'assiettée, la bouchée...)*
  et *la dictée, la jetée, la montée, la pâtée, la portée.*
- On écrit :
  -tié à la fin des noms féminins, *une amitié.*
  -tier à la fin des noms masculins, *un bijoutier.*

Pour en savoir plus, consulte Bescherelle école.

1 Complète avec des noms féminins terminés par le son [e]. Attention aux accords !

1. Toute la ...., Vanessa boit du thé à petites .... 2. Pour faire une bonne ...., il faut des pommes de terre, du lait entier, du beurre et une .... de sel. 3. Elles ont aperçu une grosse .... velue dans le jardin ! Elles se sont sauvées à grandes .... 4. Lors d'une .... en montagne, nous avons vu une grande .... de fraises des bois : nous en avons cueilli à pleines .... pour faire de la .... 5. L'...................... prochaine, le chanteur de rap fera une .... dans toute la France.

..../ 12

2 Forme des noms féminins terminés par -ée à partir des verbes suivants.

ranger :	rentrer :	pincer : ....
chevaucher :	aller :	entrer : ....
assembler :	couver :	traverser : ....
fumer :	traîner :	geler : ....

..../ 12

3 Forme des noms féminins terminés par -té à partir des adjectifs suivants.

bon :	beau :	loyal : ....
méchant :	fidèle :	absurde : ....
brutal :	sensible :	intrépide : ....
gai :	habile :	généreux : ....

..../ 12

4 Trouve ces noms féminins terminés par -té ou -tée.

1. Exercice d'orthographe pratiqué dans les classes : ....
2. Construction s'avançant dans la mer pour protéger un port : ....
3. Le contraire de la descente : ....
4. C'est en faire preuve que d'accueillir des gens chez soi : ....

..../ 4

5 Complète par -tié ou -tier. Fais les accords nécessaires.

1. Le bijou......... et le charcu......... sont partis ensemble sous les coco......... . 2. Ils n'aiment plus leurs mé........ . 3. Les po........ vont se promener sur de petits sen........ . 4. Ce quar........ est toujours en chan........ ! 5. Ces boî........ sont à moi........ vides.

..../ 10

6 Trouve (horizontalement ou verticalement) le plus grand nombre possible de mots terminés par les sons [e], [te] ou [tje]. Écris-les avec un article.

B	E	A	U	T	E	D	F	....
X	T	I	D	E	E	I	E	....
P	E	R	C	E	E	C	E	....
X	T	X	G	V	J	T	M	....
X	E	V	A	L	L	E	E	....
X	E	P	I	T	I	E	T	....

..../ 6

7 Dictée

Riri le routier roulait en toute sérénité sur l'autoroute 28. À ce moment-là, le soleil faisait une percée à travers les nuages et il se mit à siffloter une lente mélopée. C'était l'été et il avait presque terminé sa journée. Tout à coup, dans une montée, une fumée bleutée s'échappa du moteur.

28 Écrire la fin des mots en -tion, -eur, -ie

ORTHOGRAPHE D'USAGE

Lis avant de commencer

- On écrit toujours -tion après les consonnes c et p, et le plus souvent après la voyelle a. *l'action, l'option, la nation.*
  Sauf : *la passion, la compassion.*
- On écrit toujours -sion après la consonne l. *l'expulsion*
- On écrit -eur à la fin des noms masculins ou féminins.
  le chanteur, la peur.
  Sauf : *le beurre, un leurre, la demeure, une heure, un heurt.*
- Certains mots invariables se terminent par -eurs : *ailleurs, plusieurs.*
- Certains noms se terminent par -œur : *la sœur, le cœur*
- On écrit souvent -ie à la fin des noms féminins. *la bougie*
  Sauf : *la nuit, la fourmi, la brebis, la souris, la perdrix.*

Pour en savoir plus, consulte Bescherelle école.

1 **Forme des noms à partir des verbes suivants, puis classe-les selon la lettre qui précède -tion.**

agir – adopter – sentir – frictionner – abolir – sanctionner – fonctionner – initier – additionner – éduquer – alimenter

Lettre c : *action,* ....

Lettre p : ....

Lettre a : ....

Lettre i : ....

..../ 10

2 **Complète les mots par -tion ou -(s)sion. Fais les accords nécessaires.**

1. Il a une grande pa.......... pour les chevaux. 2. « Je vous confie une mi.......... importante », lui annonça le directeur. 3. Mon oncle éprouvait toujours de la compa.......... pour les malades. 4. Devant l'entrée de la sta.......... de métro, elle eut soudain une hésita.......... .

..../ 5

3 Forme des noms terminés par -eur à partir des adjectifs suivants.

laid : .... pâle : .... rouge : ....

large : .... doux : .... long : ....

furieux : .... rigoureux : .... tiède : ....

..../ 9

4 Forme des noms terminés par -eur à partir des verbes suivants.

explorer – voyager – naviguer – dessiner – jouer

....

....

..../ 5

5 Complète les mots par -eur, -eure, -eurre, ou -œur.

1. Quoi ? je compte pour du b.......... ? 2. Tante Mélina est toujours de mauvaise hum.......... . 3. Quelle fray.......... ! J'ai cru que mon c.......... allait s'arrêter de battre ! 4. Jamais je ne boirai de votre liqu.......... , elle a une drôle de coul.......... . 5. Cette dem.......... , quelle splend.......... !

..../ 8

6 Trouve ces mots se terminant par le son [i] ; souligne ceux qui n'obéissent pas à la règle.

1. Elle forme un célèbre duo avec la cigale : ....

2. Quand on ne peut fermer l'œil : ....

3. On fait du fromage avec son lait : ....

..../ 3

7 Dictée

— Mes enfants, a dit l'institutrice, voici la liste de toutes les opérations que nous aurons à effectuer avant le décollage, au moment du décollage et après le décollage.

Il y en avait trois pages. Elle nous les a lues et a ajouté :

— Tout ça par cœur pour demain matin ! Nul n'a droit à l'erreur.

Les instructions étaient organisées en vingt-six articles assez brefs.

D'après *Classe de lune.*

29 Analyser un verbe (1)

CONJUGAISON

Lis avant de commencer

- Le verbe conjugué est le seul élément de la phrase qui porte les marques de la personne et du temps. Il se compose de deux parties : un radical et une terminaison. *Le loup* ***dorm*** */* ***ait*** *.* (dorm = radical, ait = terminaison)

  Attention ! Le radical des verbes irréguliers change : *je dor/s, je dorm/ais*
- Quand le verbe n'est pas conjugué, il est à l'infinitif.
- Un verbe est à la voix passive quand le sujet subit l'action exprimée par le verbe. *La fillette* ***est mangée*** *par le loup. (La fillette subit l'action.)*

Voir Utiliser la voix passive, p. 38.

- Un verbe est à la voix pronominale quand le sujet exerce l'action sur lui-même. *Je* ***me*** *couche. (J'exerce l'action sur moi-même.)*

Pour en savoir plus, consulte Bescherelle école.

1 Sépare d'un trait le radical et la terminaison des verbes et écris leur infinitif. Souligne les verbes irréguliers.

1. Ils finissent leur potée. ....
2. Elles interrogent le loup. ....
3. Nous allions dans ces bois. ....
4. Elle ne mange pas. ....
5. Le loup finit son repas. ....
6. Finis ton assiette ! ....

..../ 6

2 Écris ces phrases à la personne correspondante du singulier ou du pluriel, au même temps.

1. J'ai berné le loup. ....
2. Nous recherchions Polly. ....
3. Tu te moques de moi. ....
4. Il avait trop mangé. ....

..../ 4

3 Écris ces paroles prononcées par Polly, à la 3e personne du singulier (tu → il ; je → elle), au même temps.

1. Tu as besoin d'une femme de ménage !

....

2. Je serais sûrement bien meilleure si tu m'engraissais un peu.

....

3. Pendant que tu iras faire les courses, j'essaierai de mettre un peu d'ordre.

....

D'après *Polly la futée et cet imbécile de loup.*

..../ 5

4 Souligne les verbes à la voix passive et indique au-dessous leur temps.

Polly a été attrapée par le loup. Elle sera rôtie au four et servie avec des petits oignons. Mais, pour l'instant, le loup la trouve trop maigre.

..../ 4

5 Souligne les verbes à la voix pronominale et écris leur infinitif.

Il <u>se lève</u> → se lever

Le loup se mit soudain à tâter le coude de Polly.

« C'est de l'os, se lamenta-t-il. Quelle déception ! Moi qui m'imaginais que tu étais bien dodue !

— Cesse de te plaindre, loup, et engraisse-moi plutôt ! »

D'après *Polly la futée et cet imbécile de loup.*

Infinitifs : ....

..../ 4

6 Dictée

— Où est la cuisine ? demanda Polly.

— La cuisine ? dit le loup, ahuri.

— Oui, la cuisine ! dit Polly. Tu vas me faire cuire, non ? Tu n'as tout de même pas l'intention de me manger comme ça, toute crue ?

— Mais non, mais non, bien sûr que non ! s'empressa-t-il de répondre. Tu penses ! J'ai beau être un loup, je sais vivre ! La cuisine est au bout du couloir. Mais… euh… ce n'est pas très, très propre, j'en ai peur…

D'après *Polly la futée et cet imbécile de loup.*

30 Analyser un verbe (2) : les modes, les temps, les groupes

CONJUGAISON

Lis avant de commencer

- Il existe quatre modes principaux de conjugaison : l'indicatif, le subjonctif, le conditionnel, l'impératif.

Voir Employer le subjonctif et le conditionnel, p. 74.

- Les temps simples de l'indicatif sont : le présent, l'imparfait, le passé simple, le futur.
- Les temps composés de l'indicatif sont : le passé composé, le plus-que-parfait, le futur antérieur. Ils sont constitués de l'auxiliaire avoir ou être et du participe passé du verbe conjugué.
- Il existe trois groupes de verbes, que l'on distingue selon leur infinitif :
  - 1er groupe : verbes en *-er* sauf *aller* ;
  - 2e groupe : verbes en *-ir* avec 1re personne du pluriel du présent en *-issons* ;
  - 3e groupe : tous les autres verbes.

Pour en savoir plus, consulte Bescherelle école.

1 Relève les verbes conjugués et indique leur mode.

« Il se peut que vous n'aimiez pas la tête de veau, mais c'est tout simplement parce que madame votre mère ignore l'art de l'accommoder, tandis que celle-ci est excellente, tout à fait supérieure et exquise, je vous le jure. Voyons, mon ami, soyez sage et veuillez me tendre votre assiette, je vais vous servir un morceau qui passe à juste raison pour ce qu'il y a de plus fin et de plus délicat au monde. »

La Tête de veau

....

....

....

....

....

...../ 12

2 Complète les phrases suivantes. Indique entre parenthèses le mode que tu utilises.

1. Cher ami, il faut que .... (.............................).
2. S'il l'invitait à nouveau, ... (.............................).
3. .... (.............................) ! je te l'ordonne.
4. Il prit son courage à deux mains et .... (.....................).

..../ 4

3 Souligne en bleu les verbes conjugués à un temps simple et en rouge les verbes conjugués à un temps composés.

Le jeune homme est contraint de manger un œil du veau et il fait semblant d'apprécier le mets. « Fasse le ciel, s'écria M. Poirotte, que cette leçon porte ses fruits dans l'avenir. Enfin, n'en parlons plus ; il faut que jeunesse se passe. Vous avez, comme il convenait, apprécié le premier œil de veau – permettez-moi de vous offrir l'autre. »

D'après *La Tête de veau.*

..../ 11

4 Recopie les verbes sur la ligne qui convient.

Recette de la tête de veau : Choisir dans la rue un veau bien gras. Se cacher derrière un abribus pour lui dérober la tête lorsqu'il passe à portée. S'enfuir alors à toutes jambes et lancer la tête dans une marmite d'eau qui commence à bouillir. Quand la cuisson est finie, sortir la tête et fourrer les oreilles avec du persil. Saler et servir à ses amis.

1er groupe : ....

2e groupe : ....

3e groupe : ....

..../ 13

5 Dictée

On vint nous chercher pour nous mettre à table, et je suivis mon conducteur dans une salle magnifiquement meublée, mais où je ne vis rien de préparé pour manger. Une si grande absence de viande, lorsque je périssais de faim, m'obligea de lui demander où était le couvert.

D'après *L'Autre Monde, les États et Empire de la lune.*

31 Écrire les verbes au présent de l'indicatif

CONJUGAISON

Lis avant de commencer

- Les verbes en -dre conservent généralement le d.
  j'entends, tu entends, il entend.
- Les verbes en -indre perdent le d.
  je peins, tu peins, il peint.
- Les verbes en -ttre s'écrivent avec un t muet.
  je mets, tu mets, il met.
- Les verbes du troisième groupe comme connaître conservent l'accent circonflexe si le i du radical est suivi d'un t.
  il paraît

Pour en savoir plus, consulte Bescherelle école.

1 Écris les verbes au présent de l'indicatif.

Le loup (confondre) confon**d** parfois les petites filles et les cabines téléphoniques.

1. J'*(entendre)* .... de drôles de bruits dans le grenier. 2. Gudule *(perdre)* .... la raison : il raconte que sa poule *(pondre)* .... des œufs en chocolat ! 3. Je *(vendre)* .... ma belle paire de rollers. 4. Tu *(apprendre)* .... le chinois. 5. Il *(descendre)* .... les escaliers et *(se prendre)* .... les pieds dans le tapis.

...../ 7

2 Conjugue aux personnes du singulier, au présent de l'indicatif.

1. contraindre son invité à manger de la tête de veau

Je contrains mon invité à manger de la tête de veau.

....

....

2. plaindre cet imbécile de loup

....

....

....

3. se teindre les cheveux en rose

....

....

....

...../ 8

3 Écris la terminaison correcte des verbes au présent de l'indicatif.

1. Aujourd'hui, je repein..... la maison du loup. 2. Pourquoi te ton.....-tu les cheveux ainsi ? 3. Je lui tor..... la main, alors il me mor..... la joue ! 4. Je te surpren..... en train de finir la tête de veau. 5. Polly ne crain..... pas le loup. 6. Elle lui tein..... les oreilles en rouge.

...../ 7

4 Écris les verbes au futur de l'indicatif.

Bientôt, cet étrange individu *(disparaître)* dispara**îtra** comme il est venu.

1. Faites un grand ménage et il n'y *(paraître)* .... plus rien. 2. Plus tard, mes amis et moi *(connaître)* .... des aventures extraordinaires. 3. À Mardi gras, il sera si bien déguisé que vous ne le *(reconnaître)* .... plus. 4. La dame blanche *(apparaître)* .... à sa fenêtre tous les soirs. 5. Ton dégoût pour la tête de veau *(croître)* .... de plus en plus.

...../ 5

5 Dictée

« Tu n'es qu'un grand os dur ! hurla le loup. Quand je pense que je me suis donné tant de mal pour attraper ça. Mais pourquoi tu ne grossis pas ? Moi, je n'arrête pas de grossir depuis que tu es là !

— Je ne sais pas, dit Polly, en prenant un air désolé. À la maison, j'étais bien plus grosse que ça ! »

D'après *Polly la futée et cet imbécile de loup.*

32 Reconnaître les terminaisons des verbes

CONJUGAISON

Lis avant de commencer

- À la 1re pers. du sing. de l'imparfait de l'indicatif et du passé simple, les terminaisons des verbes du 1er groupe se prononcent de la même façon mais s'écrivent différemment : *-ais* et *-ai*. *j'arrivais* (I) ; *j'arrivai* (PS)
- Les terminaisons du futur de l'indicatif et du conditionnel présent de la 1re pers. du sing. se prononcent de la même façon mais s'écrivent différemment : *-rai* et *-rais*. *je sauterai* (F) ; *je sauterais* (CP)
- Les terminaisons du présent de l'impératif sont :
  - 1er groupe : *-e, -ons, -ez*. *Saute !*
  - 2e groupe : *-is, -issons, -issez*. *Bondissons !*
  - 3e groupe : *-s, -ons, -ez*. *Buvez !*

  Sauf : *cueille, va, aie, sache.*

Pour en savoir plus, consulte Bescherelle école.

1 **Souligne les verbes à l'imparfait et entoure les verbes au passé simple.**

J'enfourchai la mobylette et filai droit vers la rue Cuvier. Totor s'était installé sur mes genoux et roucoulait de plaisir à chaque virage. Je garai ma mobylette et c'est le cœur battant que je toquai aux volets clos de la loge de la mère Muzard. Une fois, deux fois, trois fois, sans résultat ! La pauvre Clotilde devait être morte, là-bas, sur les rives du canal de l'Ourcq !

D'après *Lapoigne et la Fiole mystérieuse.*

..../ 6

2 **Récris le texte de l'exercice 1 en remplaçant le pronom personnel je (j') par il.**

....

....

....

....

..../ 4

3 Complète par un s si le verbe est à l'imparfait.

1. J'effectuai......... un mouvement brusque et parvins à m'extraire du coffre de la voiture. 2. Lorsque je roulai......... à vive allure dans les rues de Paris, j'effrayai......... souvent les passants. 3. Je décidai......... soudain de raser les murs pour échapper à mes poursuivants.

..../ 4

4 Écris les verbes au temps qui convient : futur de l'indicatif ou conditionnel présent.

1. Si je réussissais à semer mes poursuivants, j'*(aller)* .... me réfugier chez la concierge. 2. Demain matin, je *(prendre)* .... le métro à Couronnes et je *(descendre)* .... à Belleville. 3. J'*(aimer)* .... bien savoir qui m'a envoyé cette lettre mystérieuse.

..../ 4

5 Relève les verbes à l'impératif et indique leur personne de conjugaison.

1. En passant devant un miroir, je pus voir de quoi j'avais l'air, et, croyez-moi, ce n'était pas triste !

....

2. « Bois ça ! » ordonna Mme Soussou.

....

3. Je ne vous donnerai pas la fiole, n'y comptez pas !

....

..../ 3

6 Dictée

J'évitai le carrefour Jaurès en le contournant par les petites rues et m'engageai sur le boulevard de la Villette. Je décidai d'aller demander l'hospitalité à M. Soussou. Des cris d'effroi m'accueillirent lorsque je frappai à la porte. Un des neveux de M. Soussou tomba raide dans les pommes dès qu'il m'aperçut.

D'après *Lapoigne et la Fiole mystérieuse.*

33 CONJUGAISON

Employer le présent, le passé composé, le passé simple, l'imparfait

Lis avant de commencer

Les temps des verbes permettent de situer les actions les unes par rapport aux autres.

- Le présent de l'indicatif exprime :
  - une action qui se déroule au moment où l'on parle,
  - une action habituelle,
  - des faits considérés comme vrais, quel que soit le moment où l'on se situe dans le temps.
- Le passé composé et le passé simple de l'indicatif expriment des actions soudaines du passé.
  Le passé simple est plutôt utilisé à l'écrit, dans les récits historiques ou les contes.
- L'imparfait de l'indicatif sert à exprimer des faits du passé qui se sont prolongés.

Pour en savoir plus, consulte Bescherelle école.

1 **Souligne les verbes au présent, puis encadre ceux qui expriment une action habituelle.**

Inquiet, Stan voit Naska se diriger vers la Seine bouillonnante. Il crie, mais trop tard, elle s'est déjà jetée dans l'eau brune du fleuve et lutte contre le courant. Alors Stan comprend : il y a quelqu'un dans le fleuve. L'instinct de Naska la pousse toujours à plonger pour secourir les gens. Parfois elle se trompe et tente d'aider un excellent nageur en eau calme, mais cette fois-ci, avec la Seine en furie, c'est une autre histoire…

D'après *Les Indiens de la ville lumière.*

…/ 12

2 **Classe chaque verbe au présent selon ce qu'il exprime.**

1. Un labrador est un chien qui nage très bien. 2. Rien ne sert de courir, il faut partir à point. 3. Naska n'écoute pas, comme saisie d'une folle urgence.

4. Chaque fois que je lui pose la question, j'obtiens toujours la même réponse.

Action qui se déroule au moment où l'on parle : ....

Action habituelle : ....

Vérité générale : ....

..../ 7

3 Récris les sujets et les verbes au passé composé.

Hier, mardi 12 juillet, un pilote amateur décolle de l'aérodrome de Gronez, dans les Cévennes. Quelques minutes après, le petit avion tombe en panne d'essence. Le pilote décide alors d'atterrir en catastrophe sur l'autoroute A 45 qui jouxte l'aérodrome.

....

....

....

..../ 3

4 Récris au passé simple. Souligne les verbes qui ne peuvent pas être modifiés et explique pourquoi.

Quand Julien arrive au royaume des Cerises sans Noyau, il frappe à la porte. C'est plus poli. Le roi du pays des Cerises sans Noyau crie :

« Voulez-vous entrer ou sortir ?

– Je veux entrer, explique Julien, puisque je suis dehors. »

D'après *Le roi du pays des Cerises sans Noyau.*

....

....

....

..../ 8

5 Dictée

Naska nagea dans le courant vers une forme obscure. Stan distingua un homme ; il le vit même agiter le bras. Stan tremblait, imaginait le pire : Naska essayant de sauver l'inconnu et se noyant avec lui dans les tourbillons boueux… Mais Naska connaissait son affaire.

D'après *Les Indiens de la ville lumière.*

34 Employer le plus-que-parfait, le futur

CONJUGAISON

Lis avant de commencer

- Le plus-que-parfait sert à exprimer des faits qui se sont produits dans le passé, avant ceux qui sont évoqués par l'imparfait, le passé simple ou le passé composé.
  Le plus-que-parfait est formé de l'auxiliaire à l'imparfait et du participe passé du verbe conjugué.
  Ils étaient partis quand je suis arrivé.
  (étaient partis : plus-que-parfait ; suis arrivé : passé composé)
- Le futur sert à exprimer des actions qui se dérouleront après le moment où l'on parle.
  On peut utiliser la tournure *aller* + infinitif (futur proche) pour exprimer :
  - un événement sur le point de se produire,
  - des projets ou des prévisions.
  Je vais faire un énorme château de sable.

Pour en savoir plus, consulte Bescherelle école.

1 Souligne les verbes au plus-que-parfait.

1. Dans la vallée, il y avait trois fermes ; les propriétaires de ces fermes avaient bien réussi. 2. Lorsque Dame Renard lui avait dit ce qu'elle voulait, Maître Renard se faufilait vers la vallée, dans la nuit noire, et se servait. 3. Maître Renard n'aurait pas été si sûr de lui s'il avait su où l'attendaient les trois fermiers. 4. Il entendit tout à coup un petit bruit, comme si quelqu'un avait bougé le pied sur un tapis de feuilles mortes.

D'après *Fantastique Maître Renard.*

..../ 4

2 Écris les verbes au plus-que-parfait.

1. Soudain, Dame Renard se mit à crier : elle *(entendre)* .... trois détonations. 2. Les trois fermiers se désolaient car ils *(tirer)* .... trop tard. 3. Les renardeaux *(s'endormir)* .... , épuisés, mais Maître Renard ne pouvait fermer l'œil.

..../ 3

3 Complète les phrases au plus-que-parfait.

1. Je me suis réveillé en sursaut : ....
2. Nous ne nous sommes pas retournés car ....
3. Quand Élodie arriva en classe ce matin-là, ...
4. Maître Renard avait une blessure au flanc car ....
5. Lorsque le train est arrivé, ...

...../ 5

4 Écris les verbes au futur.

1. Les chasseurs ne *(laisser)* .... pas les renards en paix. 2. Par tous les moyens, ils *(chercher)* .... à les attraper. 3. Un jour, ils *(aller)* .... jusqu'à creuser la colline pour déloger la famille. 4. Alors, les renards *(se mettre)* .... à creuser aussi un long tunnel, loin de la surface de la terre.

...../ 4

5 Récris les phrases en remplaçant le futur par la tournure aller + infinitif.

Ils s'endormiront bientôt, épuisés. ➜ Ils **vont s'endormir** bientôt, épuisés.

1. Dans un instant, les renardeaux sortiront la tête de leur terrier.

....

2. Bientôt, j'aurai un magnifique VTT rouge.

....

3. Dame Renard soignera son mari et il guérira bien vite.

....

...../ 4

6 Dictée

« J'ai mal, dit Maître Renard.
— Je sais, mon ami. Mais bientôt, cela ira mieux.
— Et ta queue repoussera, papa, dit l'un des renardeaux.
— Non, jamais plus, dit Maître Renard. Je serai sans queue le restant de mes jours. »
Il avait l'air très sombre.

Fantastique Maître Renard

35 Employer le subjonctif et le conditionnel

CONJUGAISON

Lis avant de commencer

- On emploie le subjonctif :
  - pour exprimer un fait envisagé ou souhaité. *Je veux qu'il **fasse** mes devoirs.*
  - après des verbes comme : *vouloir, falloir, ordonner, exiger, détester, défendre...*
- On emploie le conditionnel :
  - quand un fait dépend d'une condition.
  *Si je l'achetais, il me **rendrait** de grands services.*
  - pour donner une information dont on n'est pas sûr.
  *Il me **chanterait** peut-être des chansons.*
  - pour formuler une demande polie.
  *Je **voudrais** un ordinateur intelligent, s'il vous plaît.*

Pour en savoir plus, consulte Bescherelle école.

1 Souligne les verbes au subjonctif présent et donne leur infinitif.

La sorcière se rend chez Monsieur l'Ingénieur pour acheter un ordinateur.

« Comment voulez-vous votre ordinateur ?

– D'abord, je veux qu'il réponde à toutes mes questions.

– Bon…

– Qu'il me dise toute la vérité, rien que la vérité !

– C'est noté !

– Et qu'il m'obéisse bien, surtout !

– C'est tout ? »

D'après *Les Contes de la Folie Méricourt.*

....

....../ 3

2 Indique si le verbe en italique est au présent de l'indicatif ou du subjonctif. Pour t'aider, écris entre parenthèses le verbe prendre.

Il faut que tu *prêtes* l'ordinateur à ta sœur. (tu prennes = subjonctif)

1. Je ne sais pas si cet ordinateur *raconte* (.............................) des histoires.

2. Il suffit de le brancher pour qu'il *chante* (..............................) un air de rock. 3. J'espère qu'il *marche* (..............................) bien. 4. Pourvu qu'il m'*aide* (..............................) à faire mes devoirs !

....../ 4

3 Récris les phrases en les commençant par : Il faut que…

1. L'ordinateur est facile à manipuler.

....

2. Il ne fatigue pas les yeux.

....

3. Il possède un grand écran.

....

4. Il a un lecteur de CD-ROM.

....

....../ 4

4 Complète les phrases en utilisant le subjonctif présent.

1. Il est possible que ....
2. Il faut que ....
3. J'ordonne que ....

....../ 3

5 Souligne les verbes au conditionnel présent.

1. Si ton ordinateur perdait la mémoire, il faudrait le porter chez le médecin. 2. Vous devriez éteindre votre ordinateur s'il faisait des bruits bizarres. 3. Elle pensait que cet ordinateur serait très facile à apprivoiser.

....../ 3

6 Dictée

Imagine que tu demandes à un ami de te préparer une tartine de confiture. Tu lui dis : « Mets du beurre et de la confiture sur le pain. » Mais si tu avais à faire à un robot, il faudrait tout lui expliquer : où se trouve le pain, comment ouvrir le pot de confiture et la façon de tartiner. Ton ami sait tout cela, parce qu'il l'a vu faire depuis toujours. Le robot lui, n'a d'autres connaissances que celles qu'on lui transmet.

D'après *Le Robot.*

36 Utiliser un dictionnaire

VOCABULAIRE

Lis avant de commencer

- Le dictionnaire permet de connaître le sens des mots.
- Il donne aussi de nombreux renseignements sur les mots : nature, genre, synonymes, contraires, homonymes… et précise également leur étymologie, c'est-à-dire leur origine.
- Pour chercher un mot dans un dictionnaire, il faut connaître l'alphabet et les abréviations les plus courantes : *n. : nom ; v. : verbe ; adj. : adjectif ; adv. : adverbe ; art. : article ; f. : féminin ; m. : masculin…*

Pour en savoir plus, consulte Bescherelle école.

1 **Classe ces mots dans l'ordre alphabétique. Souligne dans chaque mot la ou les lettre(s) qui t'ont permis de faire ce classement.**

entomologie – philologie – éthologie – psychologie – biologie

……………………………………………………………………………………

…/ 5

2 **Cherche dans un dictionnaire la signification des mots de l'exercice 1.**

……………………………………………………………………………………

……………………………………………………………………………………

……………………………………………………………………………………

……………………………………………………………………………………

Que signifie le suffixe « -logie » ? ……………………………………

…/ 6

3 **Cherche ces mots dans le dictionnaire ; recopie en toutes lettres les abréviations qui les accompagnent.**

fourmi : nom féminin.

mouche : ……………………… moucher : ………………………

moucheté, ée : ……………………… monstrueusement : ………………………

il : ……………………… notre : ………………………

…/ 6

4 Lis attentivement cet article de dictionnaire et réponds aux questions.

> **cafard** N. M. 1. Petit insecte noir qui envahit parfois les maisons. *On a retrouvé des cafards fossiles datant de l'ère secondaire, identiques à nos cafards actuels, preuve de la résistance de ces insectes !* (syn. blatte, cancrelat). 2. FAM. Avoir le cafard, c'est éprouver de la tristesse, de la mélancolie. *J'ai le cafard, je n'ai plus goût à rien.*
> 3. FAM. Rapporteur.
>
> *Dictionnaire Super Major*

a. Combien de sens a le mot cafard ? Dans quel registre se situent ces différents sens ?

....

b. Quelle est la nature et quel est le genre de ce mot ?

....

c. À quoi servent les phrases en italique ? ....

d. Écris une phrase pour illustrer le dernier sens du mot.

....

..../ 4

5 Vérifie ces définitions dans le dictionnaire. Remplace les définitions fausses par de vraies définitions.

1. Un moucharabieh est une variété de mouches tropicales se nourrissant exclusivement de beurre.

....

2. L'acide formique est un liquide piquant existant à l'état naturel dans l'organisme des fourmis.

....

3. Un araire est un bébé araignée.

....

..../ 3

6 Cherche l'étymologie de ces mots.

auberge : vient de l'ancien français « héberge ».

1. café : ....
2. suspecter : ....
3. loto : ....
4. paroi : ....

..../ 4

37 Reconnaître les différents sens d'un mot

VOCABULAIRE

Lis avant de commencer

- La plupart des mots sont polysémiques : ils ont plusieurs sens.
  *Il **pose** une question. Il **pose** un vase sur la table.*
- Le contexte, c'est-à-dire les mots ou les phrases qui se trouvent autour d'un mot, peut aider à comprendre le sens de celui-ci.
- Le sens propre d'un mot est son sens le plus habituel. Le sens figuré est son sens imagé.
  *Elle **creuse** un trou. (sens propre)* *Elle se **creuse** la tête. (sens figuré)*

Pour en savoir plus, consulte Bescherelle école.

1 Complète chaque phrase par le même mot employé dans un sens différent.

1. Il aimait aller au .... pour déguster un bon .... noir.

2. Tu devrais .... la parole rapidement, si tu veux .... le train de quatre heures.

3. Ernest a la vie .... : il plante des arbres dans une terre caillouteuse et ....

4. La journée, le chirurgien fait des .... et le soir il aide son fils à faire ses ....

..../ 4

2 Emploie dans une phrase chacun des mots en italique, dans un sens différent.

1. Je n'ai pas le *temps* d'écouter ses sottises.

....

2. Le monstre s'exprimait d'une étrange voix *douce*.

....

3. La danseuse étoile fait des *pointes*.

....

..../ 3

3 Relie chaque nom à ses différents sens.

parole •	• cage, au football
	• langage
caisse •	• objectif
	• promesse
but •	• endroit où on paie
	• boîte

..../ 6

4 Souligne l'expression figurée.

1. attraper un rhume – attraper une balle
2. chanter un air à la mode – faire chanter quelqu'un
3. être plongé dans ses pensées – plonger dans la piscine
4. peser ses mots – peser une lettre

..../ 4

5 Cherche dans ton dictionnaire trois expressions avec les mots suivants.

• main : ....

....

....

• pied : ....

....

....

..../ 6

6 Donne la signification des expressions suivantes, puis trouve deux autres expressions figurées contenant le mot cœur. Tu peux t'aider de ton dictionnaire.

1. Avoir le cœur gros : ....
2. Soulever le cœur : ....
3. Avoir bon cœur : ....
4. Arriver la bouche en cœur : ....
5. Un bourreau des cœurs : ....

Deux expressions avec le mot cœur : ....

....

..../ 7

38 Employer des synonymes

VOCABULAIRE

Lis avant de commencer

- On appelle synonymes des mots de même nature, qui ont le même sens ou des sens très voisins.
- Pour les utiliser, il faut tenir compte de leurs nuances de sens.
  drôle, comique, hilarant (du plus faible au plus fort).
- Il faut aussi tenir compte du registre de langue (familier, courant ou soutenu).
  mob (familier), mobylette (courant), cyclomoteur (soutenu).

Pour en savoir plus, consulte Bescherelle école.

1 Classe ces synonymes selon leur nuance de sens : du plus faible au plus fort.

1. frayeur – appréhension – épouvante

....

2. souffrance – supplice – irritation

....

3. cérémonieux – poli – affable

....

....../ 3

2 Barre les intrus dans ces listes de synonymes. Aide-toi de ton dictionnaire si nécessaire.

a. fanion – bannière – drapeau – oriflamme – étendard – oripeau

b. illusion – fantasme – panoplie – mirage – chimère – rêve

....../ 2

3 Remplace les mots entre parenthèses par des synonymes dans le registre courant.

Tout à coup, la sonnerie se fait entendre. Je réussis à m'extirper de mon canapé.

« Tiens, Steph !

– *(Salut)* ...., tonton, ça *(boume)* .... ? »

Stéphane c'est mon neveu : 1 m 85, rappeur, *(frimeur)* .... , un peu *(glandeur)* .... aussi, mais adorable et plein d'énergie. Steph jette un coup d'œil sur ma nouvelle acquisition : une toile cubiste accrochée au mur du salon.

« Qu'est-ce qui lui arrive, à *(c'te meuf)* .... ? Elle s'est fait *(abîmer le portrait)* .... par une bande de *(loubs)* .... ? »

Je présente mentalement mes excuses à l'artiste de renommée internationale et invite mon neveu à prendre place sur le sofa.

...../ 7

4 Regroupe les synonymes en indiquant leur registre.

profession – tchatcheur – bavard – volume – volubile – bouquin – travail – livre – boulot

a. ....

b. ....

c. ....

...../ 9

5 Choisis le mot le mieux adapté à la situation.

1. Quand il a vu ça, il s'est *(carapaté, esquivé)* .... vite fait. 2. Mes chers collègues, j'ai le *(grand, géant)* .... plaisir de vous annoncer mon prochain mariage. 3. Bonjour, monsieur l'opticien, puis-je essayer la paire de *(lunettes, binocles)* .... que j'ai vue en vitrine ? 4. Tu me prêtes ton stylo ? J'ai *(omis, oublié)* .... le mien.

...../ 4

6 Récris dans le registre soutenu.

1. Là-dessus, j'ai piqué un roupillon.

....

2. Tu me passes ta bécane ?

....

3. Sors de ta bicoque, sinon je vais me mettre en pétard !

....

...../ 3

39 Employer des antonymes

VOCABULAIRE

Lis avant de commencer

- Les antonymes sont des mots de sens opposé qui appartiennent à la même catégorie grammaticale.
  adjectifs *(calme/agité)* ; noms *(le bruit/le silence)* ; adverbes *(vite/lentement)*.
- On peut former certains antonymes à l'aide des préfixes : il-, in(m)-, ir-, dé-, mal-, etc.
  *la chance/la **mal**chance ; réfléchi/**ir**réfléchi ; volontairement/**in**volontairement*

Pour en savoir plus, consulte Bescherelle école.

1 Regroupe deux à deux les antonymes et précise leur catégorie grammaticale.

dehors – dedans – sous – minuscule – bruyamment – immense – sur – large – un ami – silencieusement – un ennemi – étroit

....

....

....

....

..../ 6

2 Écris un antonyme de chacun des mots suivants.

courtois :	bavard :	ignorer : ....
violemment :	l'absence :	attirer : ....
réduire :	identique :	réussir : ....

..../ 9

3 Forme des antonymes en utilisant un préfixe.

raisonnable :	réglementer : ....
approprié :	régler : ....
la partialité :	voiler : ....

..../ 6

4 Raye l'intrus dans chaque liste d'antonymes.

a. imprécis – important – impoli – imprenable – imprévoyant

b. malhonnête – malheureux – malgache – maladroit – malchanceux

...../ 2

5 Remplace les mots entre parenthèses par des antonymes pour rétablir le sens du texte.

Lorsqu'il eut découvert sa nouvelle couleur de peau, Angus reçut un étrange coup de fil.

« C'est de la pub ? coupa Angus. Je ne suis pas intéressé, *(bonjour)* .... [...]

– Laissez-moi *(me taire)* .... L'heure est *(insouciante)* ...., *(vieil)* .... Angus Phrasier. Ma *(réponse)* .... est : n'êtes-vous pas vert ?

– *(Oui)* ...., *(madame)* .... J'ai ma couleur caramel au lait *(inhabituelle)* ...., *(avoua)* .... Angus. Et j'en suis très *(mécontent)* .... *(Bonjour)* ....

– Oh, oh... fit l'homme, je vous trouve bien *(calme)* .... pour *(une fille)* .... qui a une peau *(anormale)* .... Je parie qu'en ce moment vous êtes aussi vert que la grenouille qui *(s'endort)* .... sur son nénuphar. »

Angus est vert

...../ 15

6 Pour obtenir des phrases amusantes, remplace dans chaque phrase un mot de ton choix par un antonyme.

1. Maman m'a félicité car j'ai eu une note excellente à mon devoir.

....

2. Le pauvre Angus Phrasier était désespéré : il se mit à pleurer dans sa salle de bains.

....

3. J'habillai rapidement mon petit frère et l'envoyai jouer dans la belle neige blanche.

....

...../ 3

40 Employer des homonymes

VOCABULAIRE

Lis avant de commencer

- Les homonymes sont des mots de même forme écrite ou de même forme orale, mais qui n'ont pas le même sens.
  *Il aime la **danse**. Le brouillard est **dense**.*
- C'est le contexte qui permet de comprendre le sens d'un homonyme, et donc de l'écrire correctement. On peut aussi s'aider de synonymes.
  *Il fait une **tache** d'encre. Il a une **tâche** (= un travail) difficile.*

Pour en savoir plus, consulte Bescherelle école.

1 Trouve ces homonymes qui ont la même orthographe.

1. Je suis un adjectif synonyme de mince et un nom antonyme de début :

....

2. Je sers à faire avancer les bateaux ou à coiffer la mariée : ....

3. Je suis un gros moustique ou le fils de mon oncle : ....

4. On me mange en été ou je suis l'action de prendre des poissons :

....

..../ 4

2 Complète les phrases par le mot qui convient.

1. *hoquet/hockey*

Ne mange pas trop vite, tu vas avoir le ....

J'adore le .... sur glace.

2. *lac/laque*

Je repeins la cuisine avec une .... rouge.

Le canoë file sur le ....

3. *poing/point*

Il faut mettre un .... à la fin d'une phrase.

Aïe ! Il m'a donné un coup de ....

..../ 6

3 Complète chaque phrase par deux homonymes.

1. Dimanche après-midi, nous irons jouer au .... dans le .... de Gascogne.
2. Médor, ne t'approche pas trop près du .... : tu vas te brûler le .... !
3. Apprendre tous ces .... nouveaux me donne des .... de tête.
4. Si tu veux conserver ta .... , tu ne devrais pas tant manger de matières ....

...../ 8

4 Trouve des homonymes qui soient des noms d'animaux.

le temps :	un signe :	un pan : ....
le port :	un serf :	le pouls : ....
une canne :	un vers :	une reine : ....

...../ 9

5 Écris le bon homonyme en t'aidant de son synonyme.

1. une amande : un fruit ; une amende : une contravention.
Papa a garé sa voiture en double file : il a eu une ....
2. le thym : une plante aromatique ; le teint : la couleur du visage.
Pourquoi a-t-il toujours un .... aussi blafard ?
3. la pose : la position ; la pause : l'arrêt.
« Vous pouvez faire une petite .... ensuite, vous reprendrez la .... », dit le peintre à son modèle.

...../ 4

6 Trouve un nom homonyme de chacun de ces verbes conjugués.

je pense → la panse

il pousse :	je compte :	il court : ....
je colle :	il vint :	il erre : ....
vous faites :	il teint :	tu poses : ....
je tends :	elle pend :	il repère : ....

...../ 12

41 Identifier les familles de mots Reconnaître les préfixes et les suffixes

VOCABULAIRE

Lis avant de commencer

- Une famille de mots comprend tous les mots qui sont formés à partir d'un même radical et qui se rapportent à la même idée.
  astral, astrologue, astrologie, astronome, astronomie, astrophysique, etc.
  Parfois le radical peut varier légèrement. *air, aérien, aéroport,* etc.
- Pour former des mots nouveaux :
  - on peut ajouter un préfixe devant le radical d'un mot.
  Certains préfixes ont un sens précis :
  dé- indique le contraire → *dé*faire ;
  para- indique l'action de protéger → *para*pluie.
  - on peut aussi ajouter un suffixe après le radical d'un mot.
  Certains suffixes ont un sens précis.
  -able indique la possibilité → lav*able* ;
  -eux indique une qualité ou un défaut → courag*eux*.

Pour en savoir plus, consulte Bescherelle école.

1 Classe ces mots par famille.

ensoleillé – solide – solaire – litière – laid – soleil – enlaidir – solidification – laideur – solstice – literie – consolider – alité – laideron – solidité.

....

....

....

...../ 4

2 Retrouve l'adjectif qualificatif qui constitue le radical de chacun des verbes suivants.

enjoliver : .... rapetisser : .... agrandir : ....

amincir : .... ralentir : .... aplatir : ....

écourter : .... allonger : .... émincer : ....

...../ 9

3 Dans chaque liste, barre le mot qui n'est pas de la même famille. Écris le radical ou les radicaux de chaque famille.

a. mental – mentir – un mensonge – menteur – mensonger

Radical : ....

b. approcher – la proximité – prochain – un procès – prochainement

Radical : ....

c. la mémoire – mémoriser – un mémento – mémorable – la mémère

Radical : ....

....../ 8

4 Souligne le préfixe commun à tous les mots de chaque liste et barre l'intrus.

a. la préhistoire – pressentir – la pression – un préambule – prévoir

b. surabondant – surmonter – suralimenter – surélever – la surdité

c. une bicyclette – biculturel – bicolore – une bicoque – un bicorne

....../ 6

5 Sépare d'un trait le radical et le suffixe de ces adjectifs.

vantard	publiable	plaintif
mangeable	visible	maladif
lisible	traînard	imaginable
poussif	aimable	craintif

....../ 12

6 Donne la signification du suffixe indiqué et forme de nouveaux mots.

a. *-et* ou *-ette :* ....

une maison : .... un camion : ....

un coussin : .... une statue : ....

une cloche : .... un garçon : ....

b. *-ation :* ....

circuler : .... déclarer : ....

déformer : .... imaginer : ....

réparer : .... fabriquer : ....

....../ 14

Bibliographie

p. 6-7 • *Le petit dragon qui toussait*, Laure Clément, Hatier, coll. « Ratus Poche », 1996.

p. 7 • *Des Animaux extraordinaires*, Alison Lurie, trad. Marie-Raymond Farré, éditions Gallimard, 1981.

p. 8-9 • *Alice au pays des merveilles*, Lewis Carroll, trad. Jacques Papy, Société nouvelle des éditions Pauvert, 1961.

p. 10 • « L'Écharpe de soie rouge », Maurice Leblanc, *Le Crime n'est jamais parfait*, Flammarion, 2002.

p. 11 • *Paolo Solo*, Thierry Jonquet, Pocket, 1996.

p. 11 • *Robin des Bois, prince de la forêt*, Giorda, Hatier, coll. « Ratus Poche », 2000.

p. 12-13 • *Contes pour enfants pas sages*, Jacques Prévert, éditions Gallimard, coll. « Folio Cadet », 1990.

p. 14-15 • « Le Petit Chaperon vert », Cami, *L'Homme à la tête d'épingle*, Société nouvelle des éditions Pauvert, 1979.

p. 15 • *Marelles*, Pierre Gripari, Bernard Grasset, 1996.

p. 17 • *Le Voleur de chapeaux*, Jean-François Ménard, Gallimard, 1978.

p. 18-19 • *Lapoigne et l'Ogre du métro*, Thierry Jonquet, Nathan, 1997.

p. 21 • *Planète verte, peur bleue,* Emmanuel Viau, Bayard Presse, coll. « Je bouquine », n°143, 1996.

p. 23 • *Achille Talon. Ma vie à moi*, Greg, éditions Dargaud, 1978.

p. 24-25 • *Fiston et Gros-Papa*, Gérard Pussey, Nathan et Pocket pour la dernière édition, 1994.

p. 26-27 • « Dodoche la limace », Yvon Mauffret, *Un vilain petit loup et autres contes d'animaux*, Rageot éditeur, coll. « Cascade contes », 1992.

p. 28-29 • *Ah ! Si j'étais un monstre…*, Marie-Raymond Farré, éditions Le Livre de Poche, 1983.

p. 30-31 • *Jip dans le téléviseur*, Gianni Rodari, Scandéclitions/La Farandole, 1993.

p. 33 • *Le Petit Nicolas et les copains*, Jean-Jacques Sempé et René Goscinny, Gallimard-Jeunesse, 1999.

p. 35 • *Les Indiens de la rue Jules-Ferry*, François Sautereau, Rageot éditeur, coll. « Cascade », 1982-1991.

p. 37 • *Le Petit Nicolas*, Jean-Jacques Sempé et René Goscinny, Denoël.

p. 40 • *Norby, le robot fêlé*, Janet et Isaac Asimov, Le Livre de Poche.

p. 42-43 • *Mystère au chocolat*, Didier Herlem, Rageot éditeur, coll. « Cascade », 1987-1990.

p. 44-45 • *Le Géant de fer*, Ted Hughes, traduit par Sophie de Vogelas, Gallimard, coll. « Folio Cadet », 1994.

p. 47 • *J'aime pas la nature*, Gérard Bialestowski, Rageot éditeur, coll. « Cascade », 1997.

p. 61 • *Classe de lune,* Rageot-Editeur, coll. « Cascade », 1989.

p. 63, 67 • *Polly la futée et cet imbécile de loup*, Catherine Storr, Nathan et Pocket pour la dernière édition, 1994.

p. 64-65 • « La tête de veau », Georges Courteline, *Œuvres*, Flammarion.

p. 65 • *L'Autre Monde, les Etats et Empire de la Lune*, Cyrano de Bergerac, Flammarion, 1978.

p. 68-69 • *Lapoigne et la Fiole mystérieuse*, Thierry Jonquet, Nathan, 1996.

p. 70-71 • *Les Indiens de la ville lumière,* Hugo Verlomme, Gallimard Jeunesse, coll. « Lecture Junior », 1997.

p. 71 • « Le roi du pays des Cerises sans Noyau », Évelyne Brisou-Pellen, *Le Roi de Trouille-les-Pétoches et autres contes de rois*, Rageot-Éditeur, coll. « Cascade Contes », 1994.

p. 72-73 • *Fantastique Maître Renard*, Roald Dahl, trad. Marie-Raymond Farré, éditions Gallimard Jeunesse, coll. « Folio Cadet », Copyright @ Roald Dahl Nominee Ltd., 1970.

p. 74 • « Catherine sans nom », Pierre Gripari, *Les Contes de la Folie Méricourt*, Bernard Grasset, 1987.

p.75 • *Le Robot*, Art Kleiner, Bordas.

p. 77 • *Dictionnaire Super Major CM1 - 6ᵉ* ; éditions Larousse, 1994.

p. 83 • *Angus est vert*, François Appas, Bayard Presse, coll. « Je bouquine », n° 146, 1996.

Imprimé en France par l'Imprimerie Hérissey - 27000 Évreux - Dépôt légal : 22969 - Septembre 2007 - N° d'impression : 10604б

